S社会心理督导师
SHEHUI XINLIDUDAOSHI

张青之　编著

中国社会出版社

国家一级出版社·全国百佳图书出版单位

图书在版编目（CIP）数据

社会心理督导师 / 张青之编著 . -- 北京 ：中国社
会出版社，2024．12． -- ISBN 978-7-5087-7131-1

Ⅰ．C912.6-0

中国国家版本馆 CIP 数据核字第 2024XD5610 号

社会心理督导师

出 版 人：程　伟
终 审 人：陈　琛
责任编辑：李新涛
装帧设计：时　捷
出版发行：中国社会出版社
　　　　　（北京市西城区二龙路甲 33 号　邮编 100032）
印刷装订：北京联兴盛业印刷股份有限公司
版　　次：2024 年 12 月第 1 版
印　　次：2024 年 12 月第 1 次印刷
开　　本：170mm×240mm　1/16
字　　数：250 千字
印　　张：16
定　　价：50.00 元

社会心理督导师专家委员会

主任委员：

张青之

副主任委员：

郑日昌　　郭　勇　　史占彪

杨雅清　　都志宏　　张仙飞

专家委员：

丁　岩	马夕然	王秋艳	王秀芹	王秀芬
王建林	王春环	王　倩	王　丽	邓江华
白　莹	兰常林	江　维	成永之	刘慧玲
刘洪英	吕　波	吕佳泽	孙利平	孙振华
孙怡芳	孙　健	孙淑艳	李志军	沈　意
沈　扬	苏海娟	陈发凡	陈　帅	陈冠伟
陈　恒	陈绍平	陈雪飞	陈雪萍	吴　迪
何　军	张青山	张　婧	张海伦	张国宪
张　庆	汪　微	杨惠卿	范海龙	郝　琳
项　昊	赵　丹	徐玥真	倪　进	高　玲
黄吉蓉	崔政文	蒋小苗	裴晶莹	魏彩红

卡尔·荣格说："心灵之旅不是为了寻找新的风景，而是为了拥有新的眼睛。"在纷繁复杂的社会生活中，心灵之眼是通往潜意识的门户，它能够揭示个体深层的心理结构和集体无意识的原型。通过心灵之眼，社会心理督导师能够洞察到那些通常被忽视的内在图像和象征，这些图像和象征是个人成长和自我发现的关键。在引领人们穿越自我认知的迷宫，实现个人内在价值和成长过程中，社会心理督导师就是"心灵之眼"。

在心灵觉醒的旅程中，个人成长既是自我认知的深化，更是一种内在价值的实现和成长动力的培养。卡尔·荣格的"心灵之眼"概念，强调了直觉和潜意识在个人成长中的作用，它促使我们认识到，真正的自我发现往往发生在我们深入探索内心世界之时。一项关于自我认知的研究表明，那些能够准确识别自己情绪和行为模式的人，在面对压力和挑战时，更能保持心理的稳定性和适应性。正如荣格所说："你无法照亮一条路，只能照亮一个人。"心理工作者通过倾听、引导和反馈，帮助个体发现内在的智慧和力量，识别并扫清内在的障碍，正是"心灵之眼"照亮了个体，使其实现心灵的觉醒和成长。

在社会心理督导师的培养中，目标之一就是塑造心理工作者的"新眼睛"，使他们能够超越表面现象，看到来访者心灵深处的真相。这种能力的培养，不仅要求心理工作者具备扎实的理论知识，还需要他们通过实践不断磨炼和提升自己的心灵之眼。

一般培养过程中会经历以下6个阶段：

1. 具体体验：通过亲身参与和体验，获得实际操作的经验和感受。

2. 观察与反思：在体验之后，观察自己的行为和结果，并进行深入的反思，以理解经验中的教训。

3. 抽象概念化：将观察和反思的结果抽象化，形成理论和概念上的理解，以便更好地应用于其他情境。

4. 积极实验：基于抽象概念化阶段的理解，在新的情境中积极尝试和实验，以检验理论的有效性。

5. 得出结论：通过实验，得出关于自己行为和策略的结论，明确哪些是有效的，哪些需要改进。

6. 行动计划：制订具体的行动计划，以持续提升自己的职业效能感，并在实践中不断优化和调整。

通过这一系列的过程，社会心理督导师帮助被督导者挖掘和激发内在潜能，面对挑战，从而在职业道路上不断成长和进步。

随着社会心理服务体系的不断完善和心理工作者队伍的不断壮大，社会心理督导将扮演越来越重要的角色。未来，社会心理督导将更加注重本土化和创新性，结合中国传统文化和现代社会特点，发展出具有中国特色的心理督导模式。

我非常高兴地推荐《社会心理督导师》教材，这是张青之同志带领北京市社会心理工作者多年实践的结晶，也是全国心理工作者的福利。无论是刚入门的新手，还是经过社会实践的专业人才，本书带来的理论探索与专业督导技术，为社会心理服务督导人才职业化和专业化发展，提供了系统化和可操作的工作方案。希望每一位督导师的学习者都能够从中获得新的见解，在结合自身实践中制定出更有效的干预策略，在处理复杂案例时表现出更高的自信和更低的焦虑水平，从而在专业成长的道路上迈出更坚实的步伐。

郑日昌

（本文作者系北京师范大学心理学院教授、博士生导师）

在中国特色社会心理服务体系建设中，不仅需要培养大批社会心理工作者，更需要建立一支专业化和职业化的社会心理督导师队伍。他们是心理工作者的专业指导者，更是确保服务质量与伦理标准的关键守护者。《社会心理督导师》教材的出版发行，在提升社会心理服务质量中具有关键和核心作用。

从 2012 年开始，我就参与了北京市社会心理服务工作。从培养社区工作者学心理咨询技术，到 2022 年举办第一期社会心理督导师培养班，北京市走过了社会心理人才队伍职业化、专业化的十年发展历程。尤其是党的十九大提出"加强社会心理服务体系建设"要求之后，全市建立起 398 个社会心理服务中心（站），数万名经过学习培养的社会心理工作者，在街道和社区为全市居民提供就近就便的社会心理服务，200 多名第一批上岗的社会心理督导师，承担了心理服务人员和服务工作质量的评估督导任务，在抗击新冠疫情和建设和谐社会的中过程发挥了重要作用。在一项针对社会心理工作者的研究中，超过 90% 的受访者表示，督导对于他们处理工作中的情绪压力和摆脱伦理困境至关重要，促进了他们的自我反思和专业成长，确保其能够提供更高质量的社会心理服务。

总结北京市 10 多年心理人才培养经验，有几点体会至关重要。

社会心理督导师必须扮演团队建设的领导者角色。社会心理工作者与心理咨询师扮演的角色不同，咨询师多数是一对一地解决个案问题，社会心理工作者需要提供更为广泛的群众性心理服务，多数是以团队形式在基层心理服务站工作。因此，社会心理督导师在团队凝聚力和效能提升中承担关键责任。他们通过运用其专业知识和技能，帮助团队成员理解并应对工作中的社会心理挑战，从而促进团队整体的健康发展。例如，社会心理督导师引导新建立的心理服务站工作团队，通过解冻、变革和再冻结三个阶段，实现团队行为和思维模式的积极转变。通过建立信任关系，鼓励开放的沟通，以及提供有效的反馈，帮助团队成员排除个人和集体的障碍，从而提升团队的适应性和创新能力。此外，社会心理督导师还应具备敏锐的观察力，能够及时发现团队中的潜在冲突，并采取适当的干预措施，以维护团队的和谐与稳定。"领导力不是地位、头衔或权力，而是责任。"社会心理督导师正是通过承担起这一责任，成为团队中不可或缺的领导者。

社会心理督导师承担着维护职业伦理的核心责任。弗洛伊德说："伦理是心理学家的指南针。"在基层社会心理服务中，社会心理督导师需要识别团队发展所处的阶段，提供相应的伦理支持和干预，以帮助团队克服发展障碍，确保心理工作者在面临复杂情境时作出符合道德标准的决策。在处理利益冲突时，遵循"不伤害"的原则，以群众和团队的最佳利益为出发点，在面对潜在冲突时，确保任何个人信息和敏感数据都必须得到妥善处理，维护专业标准和信任至关重要。

北京市在社会心理督导师培养的实践中，把问题解决与决策制定作为社会心理督导师的一项核心技能，建立起了社会心理督导师发展阶段模型。即具备高效的问题分析能力，能够在面对复杂的人际关系和心理问题时，迅速识别问题本质，并提出切实可行的解决方案。这些培养策略和方法的经验，不仅能够帮助社会心理督导师克服挑战，还能持续提升其专业实践能力，确保其在引领与支持的桥梁角色中发挥最大效能。

心理学家卡尔·罗杰斯强调："真诚、同理心和无条件的积极关注是促进个体成长的三个必要条件。"在此，我郑重建议，每一名社会心理督导师的学习者在阅读本教材时，应以专业修养为前提，遵循真诚、同理心和积极关注的职业精神，在学习与实践中获得自我提升的动力，同时增强自我效能感。

希望社会心理督导师在社会心理服务体系建设中，不断学习和探索，充分发挥社会心理服务工作质量的评估督导作用，进一步提高社会心理服务的实效和质量。

林永和

（本文作者系北京工商大学教授，全国优秀教师，著名就业指导与心理素质教育专家）

前　言

　　大多数心理工作者需要被督导，最后也大多会从事督导工作。在当今全国蓬勃兴起的社会心理服务体系建设中，急需一批从基层实践中成长，能够引导中国特色心理服务的专业督导师。本书为心理工作者开启督导师职业生涯提供专业理论和技术工具。

　　督导师，属于一个职业业态与工作范畴相结合的概念。学界与实业者对督导的认知基本相同，即水平高者对水平低者进行咨询或指导。当然，同水平、同级别的朋辈之间的借鉴与讨论，会被称为朋辈督导。前者为有系统设置的师生之间的定期督导过程，后者多数是在小组中进行临时性或非正式督导。指导特殊案例或面对困难局面时，师徒更具有稳定性作用，朋辈之间、同行之间的竞争与学习具有特有的动力，也能便捷高效地分享经验、交流信息、更新知识。

　　督导师是行业之师，学习成为"师者"必须具备行业文化、从业态度、专业理念和职业期待"四相"，从而奠定行规和业态根基。职业人对"师从何门"极有讲究，各个职业或者行业发展都自有体系。如，心理咨询师在接受督导的过程中，形成了"不求不助"、"咨询价值"及主客体关系论等业态观念。尤其是精神分析学派，强调需要在督导师监督与指导下，对咨询师中立立场和不介入观念做严格训练。中国社会的心理服务体系与西方心理学流派具有根本上的区别，与心理咨询行业的门派有直接关系。督导师制度既要借鉴西方传统心理咨询行业中的合理成分，更要以中国特色社会主义的国家制度为业态基础，在行规中注重积极助人与助人自助相结合的理念。因此，《社会心理督导师》是中国特色社会心理工作者进入督导行业的入门教材。

　　本书属于社会心理服务专业教材。其理论与技术广泛汲取了社会学、社会心理学与社会工作理论，采用了"主动助人观"、"团体工作法"及社会治理的"环境改造人"理念，切合了当前我国社会心理服务体系建设的需要。

本书引导广大心理工作者扬弃西方传统的心理咨询职业规范，并使之融入中国社会的心理服务体系中，为满足群众迫切的心理需求做工作，成长为具有时代视角与社会价值观的督导师，为心理学本土化、普及化及普惠化作出贡献。对于已经接受了传统心理咨询督导的职业人而言，希望本书能够帮助他们在社会服务过程中转换视角，对原有职业规范中不协调、不适应的内容进行客观评价，使中国传统文化与民族习俗，进入心理咨询领域。

本书属于社会心理服务体系建设人才培养教材。人才是创新的根基，创新驱动实质上是人才驱动。谁拥有一流的创新人才，谁就拥有了科技创新的优势和主导权。人才培养和创新创造是国家发展、社会进步的重要基石。社会心理服务体系建设是一项中国特色伟大事业，完成这项创新创造工程必须培养创新人才。

本书源于北京市社会心理服务工作经验。10年来，北京市社会心理工作联合会培养并授予万名学员社会心理指导师证书，建立了300多个社会心理服务中心（站），举办了2期社会心理督导师培训班。经过培训的社会心理督导师在社会心理服务体系建设中，摒弃了心理咨询和治疗模式，建立了自成一体的社会心理督导专业模式，在实习基地中对社会心理指导师和心理服务中心（站）进行督导实践，用学习的知识与经验，对社会心理服务体系建设中需要关注与改进的问题进行了具体而有成效的督导。

最后，我们首次创造性地提出各类"社会心理督导概念模型"，这些模型将会带给学习者框架性指导，也是本书的一点创新。

张青之

2024 年 8 月 30 日

目 录

第一章
社会心理服务理论 •——————————————————

　　当今世界正在经历百年未有之大变局，以人心为工作对象的心理人必须
具有坚定信念，才能不惧复杂国内国际斗争考验，为实现中华民族伟大复兴
的梦想尽自己的绵薄之力。社会心理督导理论在实践中产生，发挥着指导社
会心理服务体系建设的作用，因此必须坚持"以人民为中心"的服务理念。
本章主要阐述社会心理服务概念，讨论社会治理中如何"由心而治"，全面
介绍社会心理服务体系建设的基本内容、任务及目标等理论与实践。

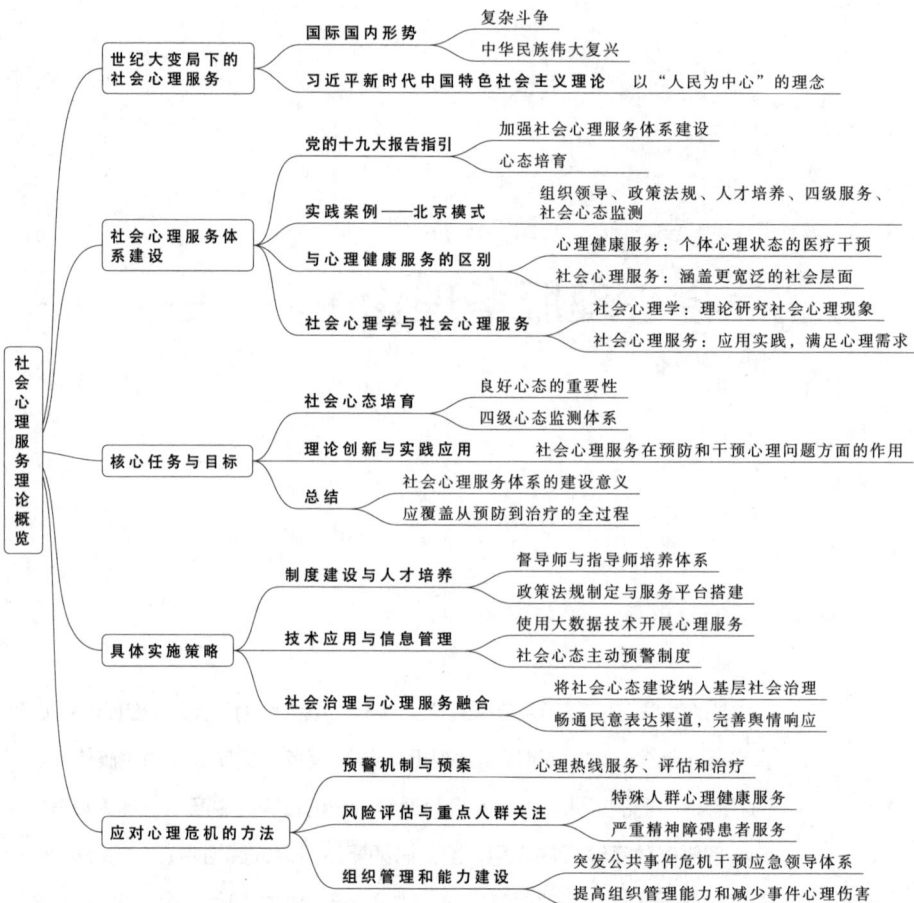

社会心理服务理论概览

- 世纪大变局下的社会心理服务
  - 国际国内形势
    - 复杂斗争
    - 中华民族伟大复兴
  - 习近平新时代中国特色社会主义理论 —— 以"人民为中心"的理念

- 社会心理服务体系建设
  - 党的十九大报告指引
    - 加强社会心理服务体系建设
    - 心态培育
  - 实践案例——北京模式
    - 组织领导、政策法规、人才培养、四级服务、社会心态监测
  - 与心理健康服务的区别
    - 心理健康服务：个体心理状态的医疗干预
    - 社会心理服务：涵盖更宽泛的社会层面
  - 社会心理学与社会心理服务
    - 社会心理学：理论研究社会心理现象
    - 社会心理服务：应用实践，满足心理需求

- 核心任务与目标
  - 社会心态培育
    - 良好心态的重要性
    - 四级心态监测体系
  - 理论创新与实践应用 —— 社会心理服务在预防和干预心理问题方面的作用
  - 总结
    - 社会心理服务体系的建设意义
    - 应覆盖从预防到治疗的全过程

- 具体实施策略
  - 制度建设与人才培养
    - 督导师与指导师培养体系
    - 政策法规制定与服务平台搭建
  - 技术应用与信息管理
    - 使用大数据技术开展心理服务
    - 社会心态主动预警制度
  - 社会治理与心理服务融合
    - 将社会心态建设纳入基层社会治理
    - 畅通民意表达渠道，完善舆情响应

- 应对心理危机的方法
  - 预警机制与预案 —— 心理热线服务、评估和治疗
  - 风险评估与重点人群关注
    - 特殊人群心理健康服务
    - 严重精神障碍患者服务
  - 组织管理和能力建设
    - 突发公共事件危机干预应急领导体系
    - 提高组织管理能力和减少事件心理伤害

第一节 基本概念

党的十九大报告提出"加强社会心理服务体系建设，培育自尊自信、理性平和、积极向上的社会心态"[1]。

"社会心理服务体系"从学术到实践，成为心理学界和各级党政机关的关注热点。北京市社会建设工作领导小组制定并颁发《北京市加强社会心理服务体系建设的意见》，通过多年实践探索建立了"五大模块"，即组织领导、政策法规、人才培养、四级服务、社会心态监测，构成了社会心理服务体系建设的"北京模式"。

一、不同的心理体系辨析

（一）心理健康服务体系

有人认为，社会心理服务体系延续了"心理健康服务体系"的习惯提法，属于社会层面的心理健康建设。针对这一误解，在学界进行了多次论辩。

2016 年 12 月 30 日，国家卫生计生委、中宣部等 22 个部门联合印发的《关于加强心理健康服务的指导意见》[2] 指出："加强心理健康服务、健全社会心理服务体系是改善公众心理健康水平、促进社会心态稳定和人际和谐、提升公众幸福感的关键措施，是培养良好道德风尚、促进经济社会协调发展、培育和践行社会主义核心价值观的基本要求，是实现国家长治久安的一项源头性、基础性工作。"该文件 10 余次将"心理健康服务（体系）"与"社会心理服务体系"并列或者混合使用，其核心是强调心理健康服务，这与 2017 年党的十九大报告中提出"加强社会心理服务体系建设"概念不同。

心理健康是对个体或群体心理状态的判断，包括两个方面：一是个体在适应环境的过程中，生理、心理和社会性方面达到协调一致，保持一种良好的心理功能状态；二是指一种连续的心理状态，它的一端是心理疾病，另一端是健全人格。1946 年，国际心理卫生大会界定：所谓心理健康是指在身体、智能以及情感上与他人的心理健康不相矛盾的范围内，将个人心境发展成最佳状态。2003 年，世界卫生组织（WHO）将心理健康定义为主观幸福感，自我效能、自治、竞争力，代际的信赖，对一个人实际智力和情感潜能的认识能力。

心理健康服务是对人的心理进行医疗干预的过程。广义的心理健康服务是指利用一定的原则、手段和方法解决人的心理和行为问题。狭义的心理健康服务是指以心理学的理论和方法为主导来维护与促进人们的心理健康的活动。心理健康服务包括心理辅导、心理咨询和心理治疗，适用于各种人群的各种不同需求，其涉及的内容非常广泛，包括个性特点培养、情绪觉察与表达、人际关系技巧训练、职业发展的选择和规划、心理疾病和精神疾病的治疗等。

完善的心理健康服务体系，属于国家构建医疗系统的重要分支。2016 年，国家卫生计生委、中宣部等 22 个部门共同印发《关于加强心理健康服务的指导意见》，这是我国首个针对加强心理健康服务的宏观指导性文件，提出了心理健康是影响经济社会发展的重大公共卫生问题和社会问题。要求根据《中华人民共和国精神卫生法》《"健康中国 2030"规划纲要》，加强职业人群、老年人、妇女、儿童、残疾人等重点人群心理健康服务。

我国心理健康服务体系建设，由政府卫生健康委系统管理并评估提供标准。最基本的是依托现有医疗卫生基础，针对我国公众对心理健康服务的需求，以及我国经济和社会发展状况，由国家和各级政府为心理健康服务事业提供人力物力条件。

心理健康服务体系不同于社会心理服务体系，不承担社会层面的心态、人际和谐、幸福感、道德风尚以及核心价值观等方面的职责。因此，必须清晰区分心理健康服务体系和社会心理服务体系二者的内涵与工作范畴。

区分心理健康服务体系和社会心理服务体系的意义在于，改变人们一提到"心理学"或"心理"，想到的往往只是个体的心理健康或心理疾病问题，很少从宏观层面和积极发展的视角思考社会心理建设问题的情况。真正把社会心理服务体系建设提升到"社会"层面和"社会心理"层面，防范把这个问题还原到心理咨询室和心理科门诊去解决。

（二）社会心理学体系

究竟该如何界定社会心理学和社会心理服务呢？

社会心理学首先属于理论学科建设的概念。社会心理学是一门运用实验和数量分析等方法，对人的社会心理和社会行为规律进行系统研究的科学。主要包括四个方面：个体的社会心理和社会行为；社会交往心理和行为；群体心理；应用社会心理学。如中国社会心理学会是学术性组织，主要任务是推动社会心理学研究，开展国内外学术交流，同时也开展部分社会心理学咨询和服务活动。

与学术或者理论建设体系不同，社会心理服务属于工作范畴的概念，针对不同社区、不同学校、不同组织等心理服务的需求，在调研和分析的基础上，由政府或社会机构有针对性地引进各类人员提供服务，或者通过购买第三方服务的方式满足需求。心理服务需求可以分层级，极少部分精神障碍人群需要医疗服务，一部分存在心理问题的人群需要心理治疗或心理咨询，更广泛的普通人群需要的是心理知识普及、一般情绪疏导和困难群体心理关怀，以及与日常生活或职业特点相关的心理能力和技术培训。

社会心理学和社会心理服务二者的共同点。首先是理论领域相同，二者都突出了"社会"和"社会心理"视角，为解决宏观的社会心理问题研究理论学术和工作规范。其次是主体相同，都是社会个体和群体，排除了自然人的心理健康，以宏观的族群、社会关系、环境等为研究或服务对象。

社会心理学和社会心理服务二者的不同点。首先是工作领域不同，社会心理学着重于一般社会科学领域，而社会心理服务专注于社会治理领域。其次是工作目标不同，社会心理学作为理论学科，其主要目的是对社会心理现象进行深度探究以生成新的理论知识；社会心理服务作为重要的实践探索，其目的是在深度实践的过程中生成中国特色的社会心态建构的经验和路径。

区分社会心理学和社会心理服务的意义在于，将中国特色的社会心理服务体系建设作为中国社会心理服务的根本任务，重点强调在"培育自尊自信、理性平和、积极向上的社会心态"方面的实践工作。社会心理服务建设当然需要科学研究，但是这种研究不应该是"纸上谈兵""管中窥豹"，必须回到中国社会的现实中来，切实回到国情上来，始终将"人民满意"放在第一位。

社会心理服务侧重解决中国社会治理中的真实心理服务问题。社会治理重在人心，如何为实现中国梦凝心聚力？如何切实服务到不同社会群体，让更多人过上心理幸福的生活？如何从心理上灵活有效地应对世界和环境带来的一次次、一场场考验？这些都不是西方社会心理学理论能够直接应用的场景，这需要社会心理服务体系中的每一位研究者和实践者在真实问题下共同努力，走出中国道路！

因此，这里尤其要强调社会心理服务体系建设的新视角。

二、完整理解社会心理服务体系

社会心理服务体系属于当代中国社会治理领域理论创新与实践发展成果。以北京市为例，有助于我们完整理解社会心理服务体系的构建。北京市在多年实践探索中总结出了"五大模块"（见图1-1），即组织领导、政策法规、人才培养、四级服务、心态培育，共同构成社会心理服务体系建设的"北京模式"。

组织领导

政策法规

心态培育

人才培养

四级服务

图 1-1　社会心理服务体系

（一）组织领导体制

坚持党的领导。始终把社会心理服务工作纳入党和政府工作大局，坚持在党的领导下，将其当作牢固树立社会主义核心价值观和构建社会主义和谐社会的大事来抓。

坚持共建共治共享。始终把坚持党委领导、政府负责、民主协商、社会协同、公众参与、法治保障、科技支撑落到实处。在党和政府领导下，充分发挥专业组织的骨干作用，广泛动员社会力量参与，严格依法办事，促进社会心理服务体系科学、规范、有序发展。

发挥社会组织作用。建立心理知识宣传与普及、心理健康服务与社会心态指导、心理危机干预与评估等行业管理机制，由行业机构制定技术标准和规范，制定社会心理指导人才管理规范、服务标准、教育培训及岗位要求，定期进行考评。建立心理服务机构和人员信息管理体系，形成优胜劣汰的良性运行机制。建立行规行约和行业自律制度，向主管部门提出违规者惩戒和退出建议。建立纵向到底、横向到边的服务网络，打造共建共治共享的社会心理服务格局。

（二）政策法规体系

加强政策顶层设计。由党政部门制定政策，发布包括总体思路、体制机制、分类指导、队伍建设和加强组织领导等多方面措施，为社会心理服务体系建设事业绘制蓝图和指明方向。制定社会治理发展规划，明确心理服务体系建设的核心内容和量化指标，使发展路径更清晰。

创新服务机制。健全政府购买社会心理服务机制，开展心理服务项目化管理。探索市场化参与机制，动员社会机构提供专业心理服务。开发社区心理服务专业岗位，探索专业、便利的社区心理服务内容。发挥和谐社区创建的教育功能，把和谐心态纳入文明创建活动。

搭建服务平台。把社会心理服务纳入基本公共服务，依托各类公共服务设施，建设企事业单位、学校心理健康教育与咨询中心（室），街道、社区（村）建设社会心理服务站（中心），深入基层开展社会心理服务。

（三）人才培养体系

创新的事业呼唤创新的人才，北京市社会心埋服务体系建立"五级人才"模式。包括：社会心理督导师和助理社会心理督导师，以及社会心理指导师初、中、高三个级别，首创社会心理指导师培养体系。

2019年北京市社会心理工作联合会组织专家编写了《社会心理指导师》（初级、中级）教材，由国家行政管理出版社正式出版。组织成立社会心理指导师职业能力考评专家委员会，研究制定初、中、高三个级别的考试科目、考试大纲、试题和标准。联合中国社会心理学会，共同建立了社会心理指导师职业能力评价的证书体系。

为了保证社会心理指导师工作的专业化和职业化，成立督导专委会，编写了《社会心理指导师督导实习手册》，使社会心理行业发展有了科学化、制度化和规范化的督导考评体系。

搭建"三人一组、十人一班、百人为队"专业训练和实践平台。由督导师组织入驻实习基地，为社会心理指导师理论与技术培训团体督导和个体督导。

（四）四级服务工作体系

构建分级工作体系，明晰各级职责。

北京市市级社会心理中心负责面向全市站点进行业务指导、服务督导、人才培养，充分发挥在社会心理服务方面的应用研究、业务创新、对外交流、示范引领、服务群众等作用，积极推进专业社会心理服务机构的孵化培育。

区级中心主要承担6方面职责，即发挥示范引领作用，推动建立健全本区社会心理服务体系；指导、督导、管理全区社会心理服务站点；协助职能部门培育孵化专业心理服务机构；培养心理专业人才队伍；组织开展社会心态监测；协助政府做好指导本区突发事件心理危机干预的工作。

街道（乡镇）社会心理服务中心主要承担6方面职责，即开展示范服务，推动辖区心理服务站点规范化、专业化发展；面向辖区单位和居民开展社会心理服务，包括心理知识宣传与普及、心理疏导、团体心理辅导等；指导、督导、管理辖区内社区（村）社会心理服务站；培养心理专业人才队伍；配合组织开展社会心态调查；为辖区居民建立心理档案。

社区（村）社会心理服务站。由街道（乡镇）统筹，再综合考虑交通便利、人员密集等情况和服务需求、服务半径等因素，可规划设立若干社区（村）社会心理服务站，逐步织密全市社会心理服务平台网络。主要承担4方面职责，即面向辖区单位和居（村）民开展社会心理服务，包括心理知识宣传与普及、心理疏导、团体心理辅导等；为社区工作者赋能，提升其心理服务能力；配合组织开展社会心态调查；为辖区居民建立心理档案。

（五）心态培育体系

良好的社会心态在任何时候对一个国家民族都很重要。在"社会心态"被写入党的十九大报告后，培育社会心态正迅速进入各级政府的任务列表，尤其当前中国处在实现"两个一百年"奋斗目标的关键时期，国民该拥有一个怎样的"大国心态"引人注目。培育良好心态不仅能够提升大众幸福生活质量，而且是指向未来发展的"软实力"。

社会心理服务促进社会治理，其核心指标就是培育社会心态贡献度。当前各级政府和干部以管理思维要求老百姓用"理性思维"代替"情绪表达"，以"淡定心理"去除"焦灼疑虑"，显然难以达到目的。运用社会心理服务倡导公民树立良好精神风貌，重视"无形"的心理疏导，积极解决那些"有形"的问题。

同时，心理服务体系中必须具备心态监测体系，为社会心态实时把脉。目前，北京建设了四级心态监测体系：一级监测由市级综合基地统筹协调、实施监测、开展分析、研发社会心态指标体系等；二级监测平台为区社会心理服务指导中心，负责实施监测、开展分析、撰写本区年度社会心态监测与分析报告，并上报至一级监测平台；三级监测平台为街道（乡镇）级社会心理服务中心，负责聚焦居民社会心态新变化、新问题，对辖区内居民心理健康状况、认知、情绪、行为倾向和价值观等社会心态内容的变化动向进行监测，及时将监测结果上报二级监测平台；四级监测平台为社区（村）级社会心理服务站，服务站负责人组织居（村）民完成市、区、街道下达的调查、访谈等社会心态监测任务，将实际工作中观察到的居（村）民社会心态新变化、新问题、新焦点不定期上报三级监测平台。

第二节　理论创新

加强社会心理服务体系建设，在党的十九大报告中被列入社会治理领域。以人民为中心的发展思想，要求社会治理在方式上更多诉诸软治理、巧治理，减少简单粗暴的硬治理。因此，以"由心而治"为路径，实现国家和社会的

"善治",廓清了社会心理服务理论的应用场景。

一、社会主要矛盾变化

党的十九大报告指出:"中国特色社会主义进入新时代,我国社会主要矛盾已经转化为人民日益增长的美好生活需要和不平衡不充分的发展之间的矛盾。"这是在中国特色社会主义进入新时代、我国发展处于新的历史方位的关键时刻,对我国社会主要矛盾作出的新判断。社会主要矛盾的新变化,是需求的变化,更是社会进步的变化。

我国经济、社会处在高速发展的阶段,生活环境、工作内容的快速变化在给民众带来改革红利的同时,也必然带来民众的适应性挑战,带来较大范围的心理压力和失衡的心态。结构性的社会问题如果不加干预和控制,会引发普遍性的个体心理疾病,导致较大范围人群的社会功能丧失或者出现反社会行为。

古语有云:"上医治国、中医治人、下医治病。"社会心理服务体系的建设应当涵盖从治国到治人再到治病,从预防普遍性心理问题发生到干预已发生心理问题的全过程。

社会治理遵循并善于运用心理规律,采用心理学方法和技术,使治理效果"入脑入心",则事半功倍并赢得人们的理解与支持;相反,那种见物不见人,单纯基于行政强制和利益诱导的治理方式,经常会引发新的矛盾并带来巨大的治理成本。

二、创新制度与模式

从预防普遍性心理问题发生的角度来看,社会心理服务体系的建设应包括一整套工作制度和工作模式,能够制度化、系统化地调查、了解民意,监测社会心态变化,研究影响社会心态的深层次原因,研究偶然事件与群体行为中的社会心理因素,及时调整相关政策,改进工作方式方法,营造风清气正的社会氛围,尽可能地减少带来普遍心理困扰、使心理障碍发生的问题。

首先应当致力于消除那些对社会大众的心理状态有普遍消极影响,能够引发结构性的焦虑、抑郁和不安全感,激发较大范围的愤怒、不满和偏激情绪的因素，包括相关的政策、制度和行为。

心理健康服务体系面对的是已经出现心理问题的人群，如果社会心理服务体系等同于心理健康服务体系，只干预已发生的问题而不涉及引发问题的原因，我们会发现要干预的问题越来越多，各种极端恶性事件防不胜防。

要站在国家治理体系现代化的高度看问题。社会心理服务体系是社会治理体系的一部分，是国家治理体系现代化的重要内容之一。社会治理是国家治理的重要方面，它是由作为治理主体的人及组织实现的对以人为中心的社会公共事务的治理，而社会治理本质上是多元主体的群体决策过程。由此可见，社会治理的主体、客体、过程都涉及"人"的问题；心理学是研究人的科学，社会治理的各个层面都"内生出"大量心理学问题。因此，社会治理体系建设离不开心理学的支撑，离不开社会心理服务体系建设，这是国家治理体系现代化的必然要求。

三、创新观念与思路

社会心理服务体系建设是新生概念，也是新生事物，要做好这项工作，需要在思路上有所突破和创新。

有人将社会心理服务体系等同于心理健康服务体系，没有意识到心理学知识和方法对国家治理和社会治理的重要意义。加强对公职人员社会心理服务能力的建设，使其掌握社会治理的心理学规律，正确认知社会心理服务体系的含义。另外，要加强相关的学术研究和公共宣传，消除误解。我们应该认识到社会心理服务体系不等于心理健康服务体系，不同于社会风险防控体系，也不是简单抹平社会问题的手段。

明确行政主体，设立分工协调机制。目前与社会心理服务体系建设有关的部门包括政法委、综治办、维稳办、组织部、社工委、卫生健康委、民政部等党政部门，各地实际的行政主体及其运行能力也千差万别。总体而言，我国的社会心理服务体系建设尚缺乏一套自上而下的、明确的、专责的行政体系和责任主体。此外，这一工作需要多部门协调，跨部门协调机制有待建立。随着党和国家机构改革方案的落地，各地政府应该尽快研究确定社会心理服务体系建设的主责部门，出台相应的指导意见。

加强科学研究，提高工作科学性。社会心理服务体系建设是国家层面的一项重大工程，其复杂性和系统性远超过人们现有的理解。积极开展社会心理服务体系、社会治理心理学的研究在现代社会治理中有着广泛的需求以及无可替代的作用。

第三节　应用范畴

社会心理服务的工作范畴，包括解决当前人民日益增长的美好生活需要和不平衡不充分的发展之间的矛盾，培养自尊自信、理性平和、积极向上的社会心态，提升民众生活品质，通过建立社会心理服务体系，引导和调适不良社会情绪等基本路径，营造积极向上的社会心理环境。

一、社会心理服务目标

社会心理服务是政府提供的心理普惠性服务，也是社会心理指导师的服务方向，它包括五个目标（见图1-2）。

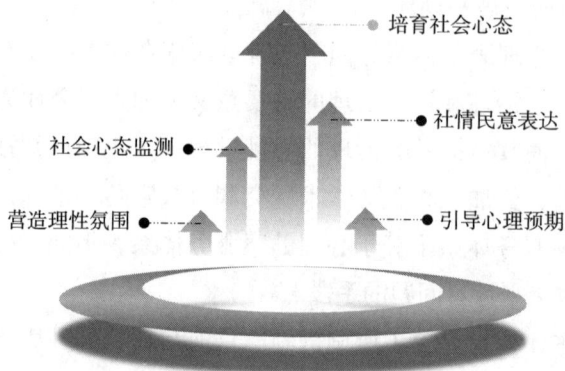

图1-2　社会心理服务五项目标

（一）积极营造社会理性氛围

把增强公民获得感、幸福感和安全感，作为社会心理服务体系建设的重要任务。充分利用数据库、融媒体等模式传播心理知识，提高公民心理素养，践行社会主义核心价值观。在重要社会事件宣传中要坚持正确的舆论导向，营造和谐稳定的社会情绪氛围。引导公民学会应对情绪困扰与心理压力，提升理性行为与乐观情绪水平。

（二）正确引导社会心理预期

逐步完善重大决策事项评估机制，准确把握各类群体的利益诉求和心理需要，关注决策前后社会心理变化，把社会心理预期把控在合理区间。加强社会心理服务体系信息化建设，与北京市大数据行动计划充分衔接，统筹推进，运用大数据开展心理服务，动态掌握群众心理安全指数和预期。充分发挥心理科学促进公民个性发展和人格完善作用，帮助公民更好地发展自身潜能，解决生活、学习、职业等方面的困扰，预防心理问题演变为社会问题。

（三）培育积极向上的社会心态

将社会心态建设纳入基层社会治理体系，统筹运用政策宣传、道德规范、法律法规、心理疏导等手段解决社会心理冲突、化解社会矛盾。综合运用心理服务、心理疏导、心理干预等手段，理顺社会情绪，平和社会心态，规范社会行为，化解社会矛盾，防控社会风险，引领社会价值，促进社会公平正义，维护社会和谐稳定。在社会服务管理中，准确把握各类群体的利益诉求和心理需要，提升公共服务满意度，切实解决实际问题，从源头上预防和化解社会矛盾。学会运用心理学的知识和方法开展社会治理，对多发易发问题进行及时有效干预，减少社会矛盾的发生。

（四）畅通社情民意表达渠道

通过建立民情责任区、依托 12345 市民热线、开设网络留言板、发放民意调查问卷、召开民主管理职代会、厂务公开、民情恳谈会等多种途径，畅通群众反映情况、表达诉求的渠道，建立全方位、常态化社情民意收集机制，准确把握群众的思想脉搏和意见诉求。建立完善舆情响应处置的反馈流程，促使社情民意及时流转，提出解决问题的具体办法和建议、对策，促使社情民意引导决策。

（五）加强社会心态监测预警

建立和完善社会心态主动预警制度。调查个体心理困境特征与程度，掌握各类群体心理健康水平，对抑郁、焦虑等心理障碍和自杀危机开展评估。运用互联网、物联网和大数据、云计算等现代科技手段，了解社会情绪与行为倾向，提升对社会矛盾冲突、重大敏感问题等影响社会稳定因素的分析与监测能力。

二、社会心理服务方式及方法

社会心理服务基本原则是：预防为主、防治结合，积极干预、专业科学，普及普惠、广泛覆盖。

（一）广泛开展职业人群心理服务

鼓励各机关、企事业单位和其他用人单位结合实际需求制订实施心理指导方案，建立员工心理档案，为员工提供心理健康宣传、心理评估、教育培训、心理指导等服务，传授其心理压力调适方法，以及抑郁、焦虑等不良情绪疏导常识，为员工心理素质提升创造条件。对处于特定时期、特定岗位，经历特殊突发事件的员工，及时进行心理指导和援助。

（二）全面加强青少年心理教育

鼓励各级各类教育机构关注学生心理健康，加强对离异家庭、贫困家庭及受欺凌儿童的心理关怀，对有心理援助需求的学生建立心理档案。学前教育机构关注和满足儿童心理发展需要，保持儿童积极的情绪状态，营造心理健康成长环境。特殊教育机构针对学生身心特点开展心理教育，注重培养学生自尊、自信、自强、自立的心理品质。中小学校重视学生的心理健康教育，培养其积极乐观、健康向上的心理品质，促进学生身心健康发展。高等院校积极开设心理教育课程，开展健康有益的团体活动；重视提升大学生的心理调适能力，使其保持良好的适应能力，重视自杀预防，开展心理危机干预。共青团、妇联等组织与学校、家庭、社会携手，广泛运用新媒体方式，开展"培育积极的心理品质，培养良好的行为习惯"的心理健康促进活动，提高青少年自我调适能力。

（三）关注老年人、妇女、儿童和残疾人心理健康

养老驿站、残疾人福利机构、康复机构、社会救助机构，以及妇女和儿童保护机构积极引入心理服务，设置专业岗位、培训专业心理工作者，为空巢、独居、丧偶、失能、失智、留守等老人和计划生育特殊家庭，残疾儿童、残疾人及其亲友，孕产期、更年期、遭受性侵或家暴等妇女，流动人口、留守妇女和儿童、单亲家庭、失独家庭、失独失婚妇女、强制隔离戒毒人员未成年子女等心理困境群体，提供及时有力的心理支持、康复等服务。

（四）重视特殊人群心理健康服务

关心流浪乞讨人员以及服刑人员、刑满释放人员、强制隔离戒毒人员、社区矫正对象、社会吸毒人员等特殊人群的心理健康，健全政府、社会、家庭"三位一体"的帮扶体系，加强心理疏导和危机干预，提高其承受挫折、适应环境能力，帮助其融入社会，预防和减少极端案（事）件的发生。

（五）加强严重精神障碍患者服务

建立健全精神卫生综合治理机制，多渠道开展患者日常发现、登记、随访、危险性评估、服药指导等服务。动员社区组织、患者家属参与居家患者管理服务。做好基本医疗保险、城乡居民大病保险、医疗救助、疾病应急救助、生活救助、残疾补贴等制度的衔接，做好在册严重精神障碍患者的社会救助工作，大力推广"社会化、综合性、开放式"的精神障碍康复模式，做好医疗康复和社区康复的有效衔接。

（六）加强心理危机援助和干预

社会心理危机援助和干预方法如下。

建立预警机制：完善心理热线服务、心理评估和心理治疗衔接递进、密切合作的心理危机预警体系。

完善预测预案：引导公众依法理性处理问题，从源头防范和降低社会风险。将心理危机援助和干预纳入各类突发事件应急预案，加强心理危机干预

和援助队伍的专业化、系统化建设，定期开展培训和演练。

关注重点人群：重点关注遭遇重大变故、重大事件的人群。加强严重心理疾患及精神障碍群体的心理干预工作。

健全领导体系：建立健全突发公共事件危机干预应急领导体系，提高保障公共安全和处置突发公共事件心理危机的组织管理能力，减小突发公共事件的心理危害影响，促进危机后心理健康重建。

第二章
社会心理服务岗位

　　社会心理督导作为一种职业能力必须体现在工作岗位上。社会心理督导师属于社会心理服务体系范畴，包括政府、社会组织和基层服务站点开展的心理工作均需要社会心理督导，督导的职责是对社会领域中的人员和工作进行检查与促进。本章重点介绍社会心理服务平台、站点和职业三个方面人才特征，包括人才困境与现实需要，督导工作中需要了解的社会心理指导师人才培训体系，探索督导师促进社会心理指导师在学习、实践和督导中循序渐进，完成职业化、专业化、规范化的建设道路。

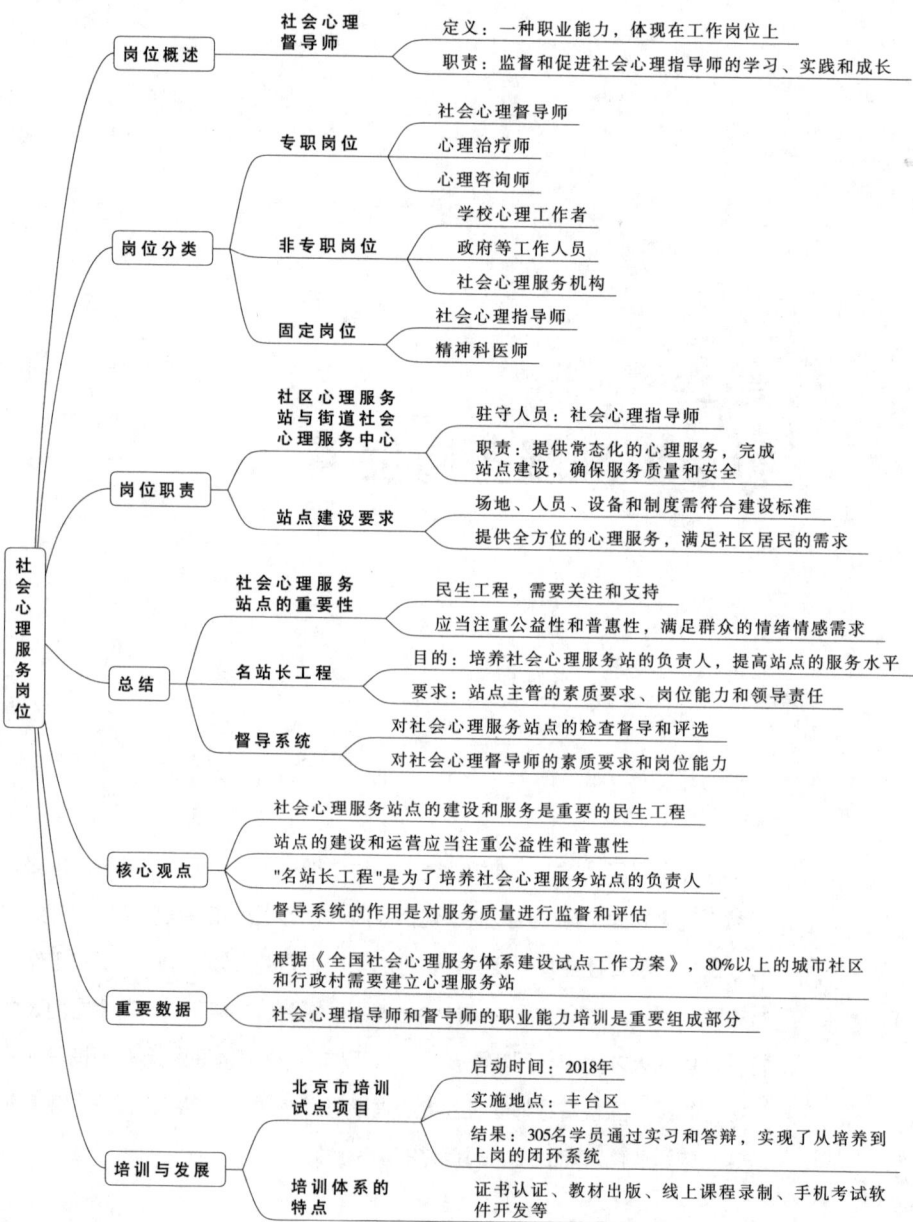

社会心理服务岗位
- 岗位概述
  - 社会心理督导师
    - 定义：一种职业能力，体现在工作岗位上
    - 职责：监督和促进社会心理指导师的学习、实践和成长
- 岗位分类
  - 专职岗位
    - 社会心理督导师
    - 心理治疗师
    - 心理咨询师
  - 非专职岗位
    - 学校心理工作者
    - 政府等工作人员
    - 社会心理服务机构
  - 固定岗位
    - 社会心理指导师
    - 精神科医师
- 岗位职责
  - 社区心理服务站与街道社会心理服务中心
    - 驻守人员：社会心理指导师
    - 职责：提供常态化的心理服务，完成站点建设，确保服务质量和安全
  - 站点建设要求
    - 场地、人员、设备和制度需符合建设标准
    - 提供全方位的心理服务，满足社区居民的需求
- 总结
  - 社会心理服务站点的重要性
    - 民生工程，需要关注和支持
    - 应当注重公益性和普惠性，满足群众的情绪情感需求
  - 名站长工程
    - 目的：培养社会心理服务站的负责人，提高站点的服务水平
    - 要求：站点主管的素质要求、岗位能力和领导责任
  - 督导系统
    - 对社会心理服务站点的检查督导和评选
    - 对社会心理督导师的素质要求和岗位能力
- 核心观点
  - 社会心理服务站点的建设和服务是重要的民生工程
  - 站点的建设和运营应当注重公益性和普惠性
  - "名站长工程"是为了培养社会心理服务站点的负责人
  - 督导系统的作用是对服务质量进行监督和评估
- 重要数据
  - 根据《全国社会心理服务体系建设试点工作方案》，80%以上的城市社区和行政村需要建立心理服务站
  - 社会心理指导师和督导师的职业能力培训是重要组成部分
- 培训与发展
  - 北京市培训试点项目
    - 启动时间：2018年
    - 实施地点：丰台区
    - 结果：305名学员通过实习和答辩，实现了从培养到上岗的闭环系统
  - 培训体系的特点
    - 证书认证、教材出版、线上课程录制、手机考试软件开发等

第一节　岗位分类

全面推动社会心理服务体系建设，需要建立和完善组织领导、服务平台、专业人才、督导考评和政策保障等各项任务。其中重要的一环就是社会心理服务岗位的设立。

一、专职岗位

专职岗位指必须在相对固定时间、固定地点，从事专业性较强的岗位工作。专职岗位不同于传统意义上的兼职或全职岗位：与兼职相比更强调岗位固定性；与全职相比，无须在规定的时段按时上下班。

社会心理督导师。具备社会心理督导理论与技术，完成实践经验积累。在社会心理服务站（中心）或实习基地，督导社会心理指导师提升专业能力，胜任岗位工作。每一名社会心理工作者开始从事专业服务时都需要接受持续的督导，以解决自己在社会心理工作中遇到的问题、困难，不断提高心理动力。

心理治疗师。由国家人力资源与社会保障、卫生部门组织进行专业技术资格认定，在医疗机构工作，没有处方权，也不能独立开具精神科诊断证明，治疗对象主要是神经症、情感障碍及人格障碍患者。职称有中级和初级，属于医疗技术职称序列。

心理咨询师。从事心理咨询工作，主要在非医疗系统工作，不能开具药物处方，不能出具精神障碍诊断证明，服务对象是有各类心理问题的正常人群。如果发现有精神障碍患者，转介到专科机构。心理咨询师需要职业资格认证。

二、非专职岗位

非专职岗位是指不以全职或长期固定工作形式存在的职位。这类岗位通常设在非专业心理机构或医疗机构，但需以专业身份履行职责。

学校心理工作者。主要包括心理健康教育教师。按照师生比不低于1∶4000配备，每校至少配备2名。此外，对中等职业学校心理健康教师队伍建设也有要求。教育系统内部的心理咨询人员主要由心理健康教师及外聘心理咨询、心理治疗专业人员组成。目前，学校心理健康工作者规模并不符合各类指导纲要的要求，有些学校由其他学科教师转任心理健康教师，实际并不具备心理健康相关专业知识和资质。

政府等工作人员，特别是党政机关、工会、妇联、共青团工作者承担着社会治理行政职能，从组织层面推进心理服务工作。

社会心理服务机构。工商注册心理机构数量剧增，意味着机构中从事心理服务的工作人员数量也在急速增长，但目前尚无数据显示从业人员的构成及专业资质。

三、固定岗位

固定岗位通常是指在专业机构或单位中长期任职或有明确社会身份的岗位。履行固定岗位责任的人员须具有鲜明的职业名称和道德规范。

社会心理指导师。指具备一定的心理学、社会工作知识与技能，从事社会心理指导工作的专业人员。一般在社区或街道心理服务站工作，签订专业心理服务工作合同，有时也可按照劳务合同，履行岗位职责。

精神科医师。由国家卫生部门进行认定和管理，在医疗机构诊断精神障碍和开具精神科药物处方，对象是各类精神障碍患者，也可以开展心理治疗。

岗位分类清晰，有利于使我们了解其责任范畴，在上岗之前大致掌握职业发展规划。各类岗位由政府不同部门负责，接受管理与经费来源也不相同。如心理咨询没有普遍纳入医保，不能获得医学支持；心理治疗师属于医技系列因而职业发展受限；心理咨询师无法在医疗机构工作，也无法参与政府购买社会服务项目。社会心理指导师和督导师也没有完成执行岗位的成本核算与标准规范等，需要机制创新和政策扶持。

第二节　岗位职责

社会心理服务落实在基层，需要完成站点等基础建设，做到有场地做服务、有人员能服务、有专业器材提高服务质量。

一、驻站专职

驻守社区心理服务站与街道社会心理服务中心岗位人员，一定由初级以上的社会心理指导师担任。

素质要求：热爱社会心理服务事业，具有社会心理指导情怀；身体健康，能胜任本岗位工作；通过北京市社心联组织的初级社会心理指导师理论考试，获取初级社会心理指导师职业能力证书。

实践要求：累计完成 120 学时的社会心理指导实习，并接受评价。

职业理念：社会心理指导师应关注自我保健，当意识到个人的生理或心理问题可能会对服务对象造成伤害时，应寻求督导或其他专业人员的帮助，必要时应限制、中断或终止社区专业服务。

社会心理指导师在工作中需要介绍自己的情况时，应实事求是地说明自己的专业资历、学位、专业职业能力证书等情况。

社会心理服务站点建设与业务指导。加强对社会需求和站点布局的调研，坚持服务基层导向，搞好站点建设的谋篇布局，确保场地要求、制度要求、设施设备要求、专业人员和社会承接组织要求符合建设标准。适应"一基地、多中心、广站点，心理服务全覆盖"要求。

街道明确分工，安排具体人员和专业社会组织，负责社会心理服务站点的具体事项和运维管理。切实加强对已建成社会心理服务站点的管理，坚决防止"头年建、二年空、三年不见影"问题发生，把民生实事工程做扎实、管到底。加大扶持力度，社会心理服务核心是公益性服务，是面向群众情绪情感问题需求提供的普惠性服务。运维社会组织大多没有自身造血能力，各区和街道采取扶持措施，从人力资源、场地设施、运维资金等方面给予一定支持与奖励，并形成长效机制，确保这些站点能够建起来、用起来、活下去。引进专业运营单位，把真正想做事、有能力做事的专业心理机构和人才请进来，使其与社会工作服务站的人员、资金、场地深度融合，借助资源整合发展自己，成长自己，服务市民。签订监管协议，心理服务依托街道（乡镇）和社区，在党组织的领导下开展工作，督导与检查各个心理服务站的工作效益与质量，并做好政府财政资金投入的保值增值。

在街道和社区设立心理服务中心（站），把心理服务引进社区和农村。破除心理咨询师"不求不助"执业理念，培训社区心理服务骨干，主动深入居民家中，坚持面对面的基层服务。

根据居民和村民心理服务需要和社会心理服务站点建设需要，把人才与岗位结合起来，按岗位职能差异，确定社会心理指导师与督导师各个岗位职责，培养专业能力与岗位匹配的社会心理服务工作者，成为北京特色"专岗人才"定位。

二、站点主管

站点主管一般由中级社会心理指导师担任。

素质要求：热爱社会心理服务事业，具有社会心理指导情怀；身体健康，能胜任本岗位工作；通过社会心理指导师理论考试，获取社会心理指导师职业能力证书；有4年及以上社会心理服务相关岗位工作经验。

岗位能力：具备心理宣讲组织能力、调查研究能力、团体工作能力、个体心理指导能力和督导能力；能够成立社会组织和管理社会心理指导师团队，组织社会心理服务中心的工作，独立运营项目和独立开展社会心理指导工作。累计完成120学时的社会心理指导实习，并接受评价。

领导责任：能够组织社会心理服务中心（站）召开工作例会、沟通会、求助者代表会等会议，进行沟通交流，发现问题并及时分析原因，提出整改措施。对心理服务专业性有评价能力，统计、分析内部评价和外部评价的结果，进行服务的持续改进。建立激励机制，提高服务和管理水平。

职业发展：通过公众媒体（如讲座、演示、电台、电视、印刷品、网络等）从事专业活动，或以专业身份提供劝导和评论时，应注意自己的言论要基于恰当的专业文献和实践，尊重事实，使职业行为遵循专业伦理规范。

当社会心理指导师需要向第三方报告自己的专业工作时，应采取诚实、客观的态度准确地描述自己的工作。

合理取酬理念。社会心理指导师要明确提供服务、获取报酬是合理的。但不得利用专业地位谋取私利，也不得利用心理咨询、教学、培训、督导的关系为自己谋取合理报酬之外的私利。

三、督导系统

对社会心理服务站检查督导，由社会心理督导师和高级社会心理指导师担任。

素质要求：热爱社会心理服务事业，具有社会心理指导情怀；身体健康，能胜任本岗位工作；经过社会心理督导师培训与实践，或者通过中级社会心理指导师理论考试，获取社会心理督导师、助理督导师或者高级社会心理指导师职业能力证书。有 4 年及以上社会心理服务相关岗位工作经验。

岗位能力：具备督导能力和组织管理能力，包括教学、督导、讲评、检查、考核等。

守门人职责：组织内部评价，以听取求助者的建议或意见、设置意见箱、网上收集等方式进行社会心理服务评估信息收集。接受社会心理服务求助者填写《社会心理服务中心（站）社会心理服务满意度调查问卷》，统计数据形成分析报告。开展外部评价，应邀参加评审活动，对各城市和农村社会心理服务中心（站）的服务质量进行评价，评估信息收集、整理，分析存在的问题及原因，制订具体改进方案，提升专业服务水平。

第三节　岗位能力

按照国家卫生健康委和中央政法委等《全国社会心理服务体系建设试点工作方案》，80% 以上社区（村）需要设立心理咨询室或社会工作室。具体到政策落实层面，每一个实体站点必须有专业人员承担岗位服务任务。岗位服务评价体系就是职业能力体系，可称之为"社会心理指导人才"体系，以北京市为例，社会心理指导人才可以被称为"社会心理指导师"和"社会心理督导师"。

一、理论基础

社会心理指导人才以习近平新时代中国特色社会主义思想为指导，遵循和应用社会心理学理论，创新发展社会心理指导工作理论。

"社会心理指导人才"体系发展是一个连续过程，可分为探索、培养和推广三个阶段。每个阶段都有一定的特征和任务。以北京市开展人才培训过程为例。一是奠定坚实的理论基础。组织心理专家、社会工作者、教育专家和社会心理服务机构人员，组建了"心理指导师专业委员会"，开展社会心理指导师"岗位能力"标准培训体系课题研究。二是开展培训试点。从2018年1月至8月，在北京市丰台区正式启动心理指导师培训试点，招收对象为社区工作者、社会组织工作人员，含机关、学校等具有社会工作基础的人士。三是实践验证成效。100名社工经过培训之后，掌握了一定程度的心理学理论和技术，在社区工作岗位上开展心理健康宣传、心理压力疏导，受到广泛欢迎。首批社会心理指导师推动心理服务进入社区、走入农村，引导居民建立自尊自信、理性平和、积极向上的社会心态，满足了基层心理服务工作的基本需求。

二、职业能力

社会心理指导师是指具备一定的心理学、社会工作知识与技能，从事社会心理指导工作的专业人员。在推进社会治理改革和发展的新时代，国家取消心理咨询师职业技能鉴定，实行心理行业规范管理，因此，社会心理指导师适应时代发展，推动心理服务进入社区。社会心理指导师专业人才队伍建设是落实试点工作方案的具体措施，以满足社会心理服务站岗位需求。

社会心理指导师培训体系的建立，具有重要现实意义。一是填补了体系空白。党的十九大报告提出"加强社会心理服务体系建设"，没有人才就没有服务体系。社会心理指导师成为基层急需人才，也成了北京市社会心理服务体系不可或缺的重要组成部分。二是社会心理指导师应该扎根基层，开展普惠性心理服务，把心理学相关知识变成人民群众听得懂的语言，去宣传和普及心理健康知识，破除心理学神秘化。三是用社区化心理技术和方法解决群众心理问题。社会心理指导师必须具有心理学、社会工作学理论与实操能力，用心理学和社会工作学的视角和理念，助人自助，积极干预和调适社会群体与个人心理健康发展需求，以塑造社会良好心态和维护个人心理健康为价值取向，建立和健全社会心理工作体系。

三、培训模型

1. 依据北京市《社会心理指导人才培训纲要》，进行证书认证。

以《社会心理指导人才培训纲要》为指导，专家委员会研究制定初、中、高三个级别社会心理指导师考试科目、考试大纲、试题和标准，联合中国社会心理学会，搭建起社会心理指导人才胜力利培养模型（见图 2-1），构建了社会心理指导师职业能力证书体系。

2. 出版教材，试点先行。

《社会心理指导师》初级和中级培训教材正式出版，在部分地区开展了初级和中级的试点培训。

3. 录制课程，公开免费。

《社会心理指导师》初级线上课程，有 22.53 万人次免费学习。婚姻恋爱、老年心理、社区讲座等 68 名讲师授课 149 学时，全国参加学习人员达到 59.9 万人次。社会心理服务能力促进培训 40 个学时，16 个区 3081 名社区、党务、机关和学校等人员参加学习。

4. 开发系统，手机考试。

开发了手机考试软件系统，由 800 道多选和单选题目随机组成，考生一小时答题 100 道，60 分合格。两年中，有 8000 余人报名参加考试，4680 人合格，遍及全国各省、自治区和直辖市。

5. 注册实习，跟踪考核。

为满足心理服务站岗位能力要求，在北京市 180 多家申请机构中，签约授牌 36 家为实习基地，组织初级社会心理指导师证书获得者进行半年 120 学时学习，实习全部初级教材中 10 项基本技术。其中，包括 24 小时理论学习、48 小时团体实践和 48 小时个人练习，每人收取 1800 元。按照学以致用、胜任岗位的要求，督导考核组对实习学员进行答辩。已经有 305 名获得面试合格证书，经过官网公示、注册入职，实现人才培训纲要规定的"培养—认证—实践—上岗"闭环系统。

社会心理指导师人才
岗位胜任力培养闭环体系

一、教材体系

《社会心理指导师》（初级）

管理手册 — 《社会心理指导师》（中级）

二、培训体系

课程、师资培养 社心学院
- 初级课程
- 中级课程
- 师资培训
- 高级课程

督导、高级人才体系 — 督导专项能力

三、考试系统

2660人取证

进行中 — 初级 — 5月、11月

待开始 — 中级 — 每年举办2次

高级

四、督导实习实践

《督导实习手册》 — 实习基地
- 实习方案审核公示 签约、授牌
- 完成120学时 72+48演练上岗

五、理论实践成绩公示

2个成绩公示 岗位胜任力培养
- 理论考试
- 实习实践

六、注册

伴随 — 终身学习机制 — 各级注册

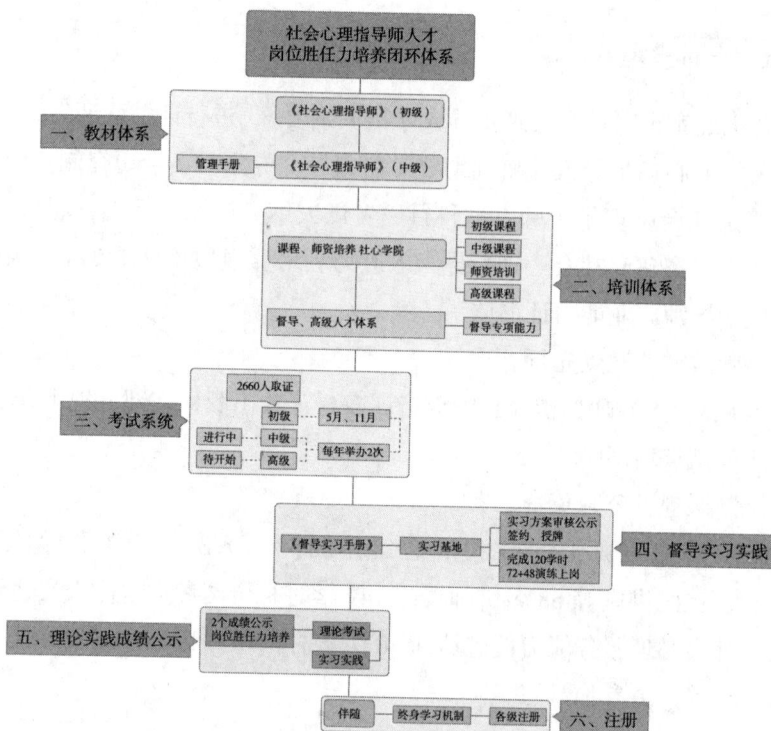

图2-1　社会心理指导人才胜任力培养模型

第三章
社会心理督导师制度

　　社会变革需要创新理论指导，社会事业发展需要建立新的职业制度。本章重点介绍在当今世界经历的百年未有之大变局中，年青一代心理工作者在习近平新时代中国特色社会主义思想指导下，立足中国、借鉴外国，关怀人类、面向未来，用理论创新勇气和实践智慧，发展社会心理督导师理论，建立具有中国特色的社会心理服务督导体系。

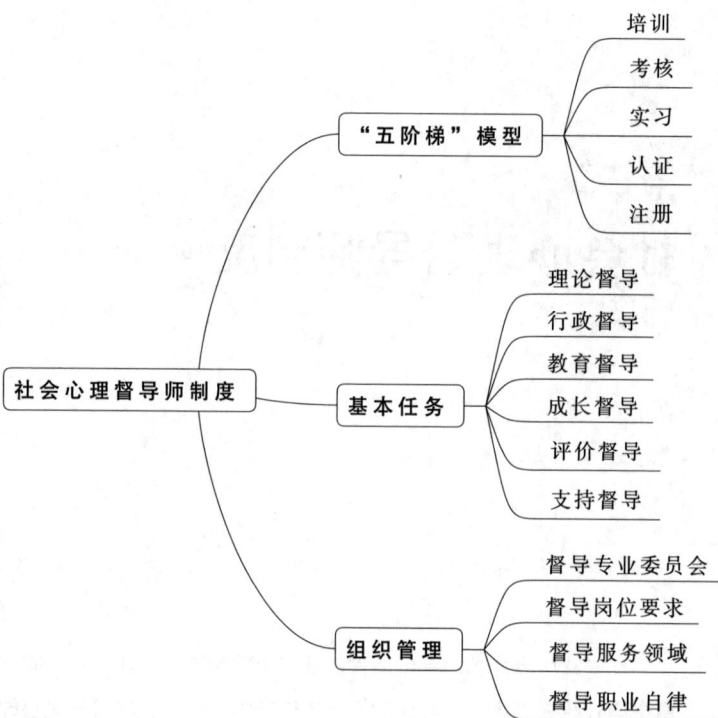

第一节 "五阶梯"模型

社会心理督导师设立三个等级体系：社会心理助理督导师（初级）、社会心理督导师（中级）、社会心理总督导师（高级）。成为社会心理督导师需要满足一定的条件，即"五阶梯"（见图3-1）：培训＋考核＋实习＋认证＋注册。

图3-1 "五阶梯"模型

一、培训

社会心理督导师培训对象以社会心理专业工作者为主体，包括社会心理服务站专职人员，机关和院校的党政干部，医院、社会组织和企事业单位党政领导与工会主席；医学、心理学、教育学、社会工作学等专业教师；以社区为主要服务领域的二级心理咨询师、心理治疗师、精神科医师等。

社会心理督导师的培训采取线上线下相结合的方式，鼓励网络教学、自学和实习督导相结合的灵活方法。

根据培养目标，社会心理助理督导师（初级）和社会心理督导师（中级）一般组织实施理论、技术实操、案例督导和个人成长4个环节教育，教学方法上要注重体验式教学。培训配套教材为《社会心理督导师》。

社会心理督导师理论与技能培训，总时长106学时，其中线下理论技术课82学时。

初级社会心理督导师，必须熟练掌握初级社会心理指导师的教材、纲要、培训知识等内容。以规定的课程和学时为依据，采取面授、讲座、辅导、专题研讨、案例分析、情景模拟等方式，并充分发挥各类现代化教学手段的作用，有效帮助社会心理工作者学习，为更好地做好社会心理服务工作奠定扎实的素质基础。

社会心理督导师重视体验式教学这一重要形式，按照培训目标要求，结合培训课程内容，做好体验式教学内容安排和课程设计，帮助社会心理工作者尽快熟悉专业特点、增强专业技能。适时组织社会心理督导师学员到各区社会心理服务站（中心）等场所参观见学，丰富感性认识，促进所学理论知识与实践应用相结合。

二、考核

对社会心理督导师培训学员的考核评价工作，由督导专家委员会或委托专业组织实施。主要考核接受培训情况、专业理论掌握情况等内容。考核评价采取书面考试和现场答辩等方式进行。

不同等级的社会心理督导师考试形式不同，参考教材主要是《社会心理督导师》。

理论考试采用闭卷笔试或者开卷笔试方式。

1. 闭卷笔试

时间为 120 分钟；技能操作考核为 30 分钟模拟实操，内容为督导实践技术。

考评人员与考生的配比不低于 1：20，每一个标准教室不少于 2 名考评人员。

2. 开卷笔试

5000 字以上案例论文答辩，采取评分表考核，内容为对社会心理工作的评价和对个案心理与行为问题改善的评价。

3. 面试

对于取得理论考试成绩合格的学员，组织面试。

面试专家为 3 人一组，现场打分。

4. 资格认证

考核合格者，由专业协会颁发相应培训证书。培训证书由两部分组成：课程《结业证书》及《职业能力证书》。《职业能力证书》为通过认证中心相应考试获得的行业评价证书。

三、实习

实习基地：由督导专委会授权，学员经过双向选择，与实习基地及实习学员签署三方合约，正在接受督导师职业能力培训的学员，在实习基地见习，为初级社会心理指导师承担督导见习工作。在实习结束后，由实习基地、实习学员作出评价，总督导给予定级评价。

团体督导：社会心理督导师培训不仅需要完成相应课程、掌握基本技能，还必须接受督导专业委员会的技术督导、伦理督导、案例督导，以提高督导胜任力。

参加督导培训班学员经过批准后，编入一个实习基地，接受国家级心理专业机构注册督导师和督导专委会委员督导，20人为一组，在专家带领下开展为期1年的实习督导师工作，共计完成线下5次20学时、线上6次24学时团体督导。每一次实习督导师都必须呈报一次督导案例，提交一份督导报告，交专委会审查。

由于社会心理督导师工作必须依赖于特定的"师傅"传帮带，所以学习知识和接受训练的督导时间是很长的，经过实践督导过程"熔炉"，知识才能逐步整合为理念和经验。

以北京市为例，在《北京市加强社会心理服务体系建设的意见》[3]"构建人才督导体系"指导思想下，组织第一批社会心理督导师培训学员，开展了近1年的专业理论技术学习和实习实践，并分成8组参加了心理服务站质量评估和专家督导项目，实现了"真刀实枪上战场"。这支怀着社会心理服务之梦的团队完成了1.5万小时理论和学习团队实践及3000多个实践学时，还有大量无法统计的支持性工作。这是一支虽然青涩但有理想、有目标、有信念的战斗团队！首批社会心理督导师是"北京模式"社会心理督导体系播撒下的种子，已经进入督导专家人才库，同时，为了进一步彰显首批社会心理督导师的影响力和职业价值，未来他们将会成为社会心理服务站的驻站督导，当好师傅，发挥社会心理工作职业"守门人"的专业化和职业化作用。

四、认证

刚刚参加督导师职业能力培训或初级社会心理服务人员一般不可以申请

成为社会心理督导师。没有经过培训，但是具备高级心理专业职称，通过考核或者申请，被督导专业委员会批准后，可公示通过成为社会心理督导师，比如，在北京市其认证机构为北京市社会心理工作联合会督导专业委员会。北京市社会建设领导小组 2019 年 4 号文件规定："社会心理工作联合会要强化服务质量监管和日常监管，严格制定准入门槛、职业道德水准、管理制度，定期对心理服务机构进行评估。""依托社会心理服务站（中心）构建人才督导体系。"联合会督导专委会正式成立，编写了《督导实习手册》，探索与总结了社会心理服务行业科学化和规范化的督导考评制度。

在经过培训、考试和实习之后，督导专委会组织面试考评。结合实习评价，为督导师学员做出督导师和助理督导师两个级别评价并进行网上公示。

心理专家或心理机构法人，申请后，经过专业委员会评审和公示，可授予社会心理总督导师（高级）岗位能力证书。

五、注册

为防止心理咨询行业发展困境在社会心理人才工作上重演，负责这项工作的社会组织应加强完善监管系统。

1. 公示

督导师参与培训时间、考试方式和成绩等获得资质过程都要每年进行一次任职考评，并将其报告在网上公示。存在职业或者道德瑕疵者一票否决。

2. 评审

社会心理督导师证书性质属于社会职业能力评价证书，不属于国家或者政府行政部门的职业资质认定。获得社会心理督导师证书后，需要每 2 年呈报一次专业报告，根据考核和评估结果给予注册或者注销。

有关社会组织每年组织一次工作考评，对于提出晋级申请者或到期任职，考评其完成继续教育和社会实践时数，参加相关专业会议和公益服务，考核其完成绩效和胜任能力，履行职业资格管理程序。

3. 注册

实行任期制内注册制，获得督导师资质保有期为 4 年。4 年后需要再次申报，经过专家委员会批准可以连任。

初级督导师晋升为督导师需要经过两次 4 年注册；督导师晋升为高级督

导师需要经过三次 6 年考核。

北京市第一届社会心理督导师专项能力培训，采取多种理论融合、多位专家陪伴、边学边练等方式，经过 6 个月 90 学时培训、24 学时团体督导。116 名学员完成了理论考试、面试，共有 79 人进入实习。经过培训、考核、实习、网上公示等各个环节，诞生了 29 名督导师、13 名助理督导师。多名专家反映，社会心理督导师培养选拔程序严格、过程公正、上榜比例低，比推荐制更具有严肃性和合法性，体现了很高的含金量。

社会心理督导师参加 160 多个服务站行政性督导检查。学员 5 人一组，全面考核站点落实文件规定，执行服务标准规范情况，考核评价驻站点人员专业能力。还开展了应急干预案例督导和课程讲授。任务结束后，社会心理督导师向各区汇报心理服务站建设情况，提出专业监督意见，受到各区高度评价。督导师初次上战场，在"真刀实枪"的检验中取得了成功。

第二节　基本任务

社会心理督导师等级体系作为一种专业能力评价体系，是建立在理论学习、技术训练与岗位能力三项基础之上的。在实习基地接受督导，履行社会心理服务站（中心）岗位职责，这是社会心理人才培养"北京模式"[4]的最重要特征。初级社会心理督导师在完成理论培训后，需要完成专业技能培训和实践经验积累。在实习过程中，技术训练由带教老师或者工作坊进行。督导师主要完成提升专业能力的实践经验，岗位工作的案例督导方法。每一名初级社会心理督导师开始从事社会心理服务之后，都需要接受持续的督导（具体督导类型见图 3-2），以解决自己在社会心理工作中遇到的问题、困难，不断提高心理动力。

一、理论督导

深刻理解我国社会心理服务探索与发展历程，掌握社会心理服务理论督导的要求，明确对社会心理指导师进行理论督导内容及规范，把握理论督导对素质内化的作用，为培养社会心理指导人才体系提供理论支持。

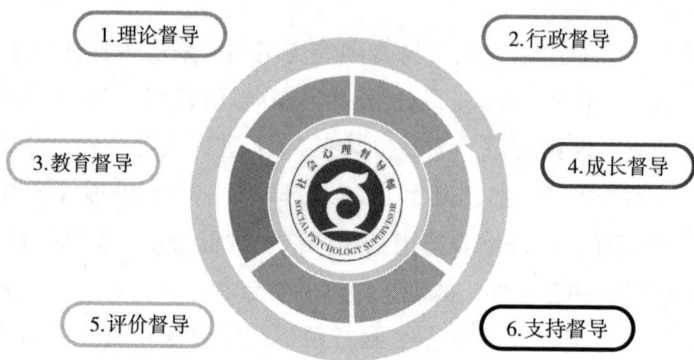

图 3-2 督导类型

（一）理论原则

通过参与实践，促进思维能力的进一步提升，并在实践中检验思维成果的正确性。没有实践，社会心理指导理论研究的发展就失去了动力。

价值中立原则。要坚持价值中立的立场，尽量减少主观因素的负面影响，使研究客观公正。

系统性原则。社会心理指导行为与社会心理存在于一个系统之中，其产生与变化均有原因。要把所研究的对象纳入社会心理系统进行考察。

伦理原则。社会心理指导理论的建立，对于职业发展具有基础性和价值观意义。在接触对象及服务客体时，需要遵循基本伦理原则。

（二）理论指南

以社会心态建设为目标。新时代，我国社会主要矛盾已经转化为人民日益增长的美好生活需要和不平衡不充分的发展之间的矛盾，开展社会心态建设，做好心理健康服务，提升人民对幸福的感知力、对美好生活的满意度。

以普惠性服务为理念。社会心理工作属于社会公共服务领域，以满足社会大多数甚至全体成员的需要和利益为目标，针对社会一般人群的心理需求，进行普遍性和普惠性服务。

以积极干预为模式。突破舶来观念，打破"不求不助"职业理念，使用社会工作视角，变"不求不助"为助人自助，这是心理服务中国化的必由之路。开展社会心理服务，要全面加强青少年心理教育，关注老年人、妇女、儿童和残疾人心理问题，重视特殊人群心理服务，推动常态化预防与动态化管理相结合。

（三）理论应用

立足基层，预防为主。全面普及和传播心理健康知识，强化心理健康自我管理意识，加强人文关怀和生命教育，消除对心理问题的偏见与歧视，预防和减少个人极端案（事）件发生。

搭建平台，形成体系。培养社会心理指导人才，建立党委、政府领导下的心理指导师队伍，健全社会心理服务体系，促进单位、家庭、个人尽力尽责，广泛参与。

严格制度，完善规范。从我国基本国情和居民实际需要出发，将满足群众心理需求与促进心理指导师长远发展相结合，逐步建立健全社会心理服务制度，形成心理指导师职业管理规范，促进社会心理服务科学、规范、有序发展。

坚定方向，明确目标。坚持全民心理素养提高和个体心理疏导相结合，以满足不同群体心理服务需求为方向，最大限度提供人民群众需要的心理支持和关怀，建立亲爱友善的社区关系，培育自尊自信、理性平和、积极向上的社会心态。

二、行政督导

（一）在担负重大任务中体现价值

社会心理专家及志愿者从"iWill 抗疫行动"到抗洪救灾，冲在前、扎得深、有担当、成效多，受到政府和人民群众的高度称赞。如，2020 年初发生新冠疫情后，心理工作者陪群众一起过年，及时安抚群众情绪，处理应急状况，心理指导师进驻高风险社区，开展文化活动，调节居民情绪，活跃心理气氛，完善危机干预机制。"抗击疫情从心开始"志愿项目，获得共青团中央、中央文明办等颁发的青年志愿服务项目大赛金奖。

（二）在履行枢纽职责中定标把关

相关社会心理服务机构需建立社会心理机构质量监管和日常监管机制，建立准入标准、收费标准、职业道德水准等量化考评指标体系，心理服务社区准入和岗位人员管理制度。制定与宣贯社会心理服务站点服务规范，制定社会心理指导师三级考试纲要，完成社会心理督导师伦理标准制定，辅导完成督导与实习手册。组织社会心理督导师对承担心理服务项目的机构和站点进行评审。

（三）在满足基层需要中培养人才

实践出真知，实践见成效。社会心理服务人才培养从实践中来，到实践中去，使社会心理指导师适应基层心理服务需求。督导实习基地数据显示，2023年度300多名实习生累计完成4000多小时实习，完成居民问卷调查、心理科普、讲座及团体助教、宣讲、社区调研、服务站点值班等任务；部分实习生与基地签约留用；社会心理指导师进入社区，以独立或协作的方式开展工作。尤其在督导中发现，有的会员单位执行项目能力弱、与社区关系不密切，督导师开展了经验交流活动，引导其开拓工作思路，提升了服务能力，树立了专业形象，为持续发展奠定了基础。

三、教育督导

（一）基本原则

坚持党管人才原则。充分发挥党的思想政治优势、组织优势、密切联系群众优势，进一步加强党对人才评价工作的领导，将改革完善人才评价机制作为人才评价工作的重要内容，在全社会大兴识才爱才敬才用才容才聚才之风，把各方面优秀人才集聚到党和人民的伟大奋斗中。

坚持服务发展。围绕经济社会发展和人才发展需求，充分发挥人才评价正向激励作用，推动多出人才、出好人才，最大限度激发和释放人才创新创业活力，促进人才发展与经济社会发展深度融合。

坚持科学公正。遵循人才成长规律，突出品德、能力和业绩评价导向，分类建立体现不同职业、不同岗位、不同层次人才特点的评价机制，科学客观公正地评价人才，让各类人才价值得到充分尊重和体现。

坚持改革创新。围绕用好用活人才，着力破除思想障碍和制度樊篱，加快转变政府职能，保障落实用人主体自主权，发挥政府、市场、专业组织、用人单位等多元评价主体作用，营造有利于人才成长和发挥作用的评价制度环境。

（二）分类评价

以职业属性和岗位要求为基础，健全科学的人才分类评价体系。根据不同职业、不同岗位、不同层次人才特点和职责，坚持共同性与特殊性、水平业绩与发展潜力、定性与定量评价相结合，分类建立健全涵盖品德、知识、能力、业绩和贡献等要素，科学合理、各有侧重的人才评价标准。加强新兴职业领域人才评价标准开发工作。建立评价标准动态更新调整机制。

（三）突出品德评价

坚持德才兼备，把品德作为人才评价的首要内容，加强对人才科学精神、职业道德、从业操守等的评价考核，倡导诚实守信，强化社会责任，抵制心浮气躁、急功近利等不良风气，从严治理弄虚作假和学术不端行为。完善人才评价诚信体系，建立诚信守诺、失信行为记录和惩戒制度。探索建立基于道德操守和诚信情况的评价退出机制。

四、成长督导

（一）科学设置评价标准

坚持凭能力、实绩、贡献评价人才，克服唯学历、唯资历、唯论文等倾向，注重考察各类人才的专业性、创新性和履责绩效、创新成果、实际贡献。着力解决评价标准"一刀切"问题，合理设置和使用论文、专著、影响因子等评价指标，实行差别化评价，鼓励人才在不同领域、不同岗位作出贡献、追求卓越。

（二）创新多元评价方式

按照社会和业内认可的要求，建立以同行评价为基础的业内评价机制，注重引入市场评价和社会评价，发挥多元评价主体作用。基础研究人才以同行学术评价为主，注重国际同行评价。应用研究和技术开发人才突出市场评价，由用户、市场和专家等相关第三方进行评价。哲学社会科学人才评价重在同行认可和社会效益。丰富评价手段，科学灵活，采用考试、评审、考评结合、考核认定、个人述职、面试答辩、实践操作、业绩展示等不同方式，提高评价的针对性和精准性。

（三）科学设置人才评价周期

遵循不同类型人才成长发展规律，科学合理设置评价考核周期，注重过程评价和结果评价、短期评价和长期评价相结合，克服评价考核过于频繁的倾向。探索实施聘期评价制度。突出中长期目标导向，适当延长基础研究人才、青年人才等评价考核周期，鼓励持续研究和长期积累。

（四）畅通人才评价渠道

进一步突破户籍、地域、所有制、身份、人事关系等限制，依托具备条件的行业协会、专业学会、公共人才服务机构等，畅通非公有制经济组织、社会组织和新兴职业等领域人才申报评价渠道。对引进的海外高层次人才和急需紧缺人才，建立评价绿色通道。完善外籍人才、港澳台人才申报评价办法。

（五）促进人才评价和项目评审、机构评估有机衔接

按照既出成果、又出人才的要求，在各类工程项目、科技计划、机构平台等评审评估中加强人才评价，完善在重大科研、工程项目实施、急难险重工作中的评价、识别人才机制。深入推进项目评审、人才评价、机构评估改革，树立正确评价导向，进一步精简整合、取消下放、优化布局评审事项，简化评审环节，改进评审方式，减轻人才负担。避免简单通过各类人才计划头衔评价人才。推动评价结果共享，避免多头、频繁、重复评价。

五、评价督导

督导工作发挥评估或评价的导向作用，根据行业发展方向，端正专业服务的指导思想，培养为社会心理服务的人才，使社会心理服务体系建设真正适应人民群众对幸福生活的向往，更好地化解社会矛盾、推进和谐社会建设，为全面培育良好社会心态服务。

目前督导评估工作集中在机构专业能力、站点建设水平和人才培训数据质量等方面。尤其在社会心理服务普惠性项目中，督导检查与评审是相辅相成的一体，由社会心理督导专家负责执行。在执行政府赋予的督导评审任务时，一定要坚持正确的导向，既符合党的方针、政策，又能体现专业的发展性和先进性。全面合理地制定科学的督导评估标准，客观地评价各级心理工作责任落实情况、心理服务站工作岗位完成目标任务情况、社会心理专业队伍建设情况、人民群众受惠受益情况等。通过督导评估，促使各级党委、政府重视社会心理服务工作，真正把社会心理建设放在社会治理与人民生活质量提升的战略地位；促使各级政府不断加大投入力度，促进基层服务条件的不断改善，实现"标准化心理服务站"建设目标，真正把服务的重心由心理健康转移到幸福感建设上来，创造社会良好心态环境，为社会心理服务体系建设培养专业人才。

（一）管理功能

机构专业能力、站点建设项目和人才培训等督导评估，由政府授权，行业组织负责实施，具有执行监督的权威和行业管理的指令性。因此，当督导评审项目任务下达后，行业组织要履行行政赋权，对督导的目的、原则、程序、形式以及专业督导聘任等作出明确规定，向社会和专业机构公示督导工作的监督、检查、评估、指导的权利和义务。

专业社会组织按照社会心理服务站（中心）建设需要，开发和设置社会心理服务工作岗位，建立具有首都特色的社会心理指导人才岗位能力培训体系，探索社会工作者向心理服务专业发展的道路，为社会领域心理服务人才管理提供评价体系。各区加大社工心理人才培养力度，加强心理服务岗位人才队伍建设。专家和专业机构等要加强社会心理理论与实践研究，依托社会心理服务站（中心）构建人才督导体系。

（二）鉴定功能

在社会心理服务站点建设项目评审中，社会心理督导专家委员会需严格按照政府要求，制定评估验收办法，认真进行督导考核，提升各级心理服务站建设质量。对社会心理各专业机构社区服务中的结项资料评审，积极引导心理咨询师和治疗师转变职业观念，向社会心理服务普及化方向发展，引导整个行业不断开发社会心理服务专业技术与理论创新，促进居民喜闻乐见的心理服务形式广泛应用。

督导评估的鉴定功能，赋予了督导师专业权威性的内涵。鉴定功能不仅与终结性评估密切相关，而且与形成性评估也有密切的关系。不仅对专业活动的结果有鉴定价值，而且对服务方向、职业伦理等过程也有鉴定功能，督导评估必须做到形成性评估和终结性评估有机结合，对被督导评估的单位和个人在充分肯定成绩、总结经验、找到差距和问题的基础上，提出进一步努力的方向和解决问题的措施，以达到提高认识、改进工作和提高管理水平的目的。

对社会心理指导师履行岗位责任的督导考核本身，就是一种鉴定，按照考核的标准，是属于优秀、良好，还是合格或是不合格，并且，把考核结果作为站点服务能力考评的重要依据，作为心理服务机构履行职责、提供服务水平的重要依据。

对于社会心理服务体系建设的年度目标任务完成情况的考核，本身也是一种鉴定。各项目标任务哪些完成得好，哪些是基本完成，哪些尚未完成，哪些完成得最差，原因是什么。对于服务站点的督导评估，就是对领导工作进行鉴定，使所评估的站点，不断充实完善，真正达到标准化要求和目标。按照社会心理服务站点服务规范，形成阶段性评估和终结性评估，并由外评审到内对标，起到"推内促外"的作用。

（三）激励功能

督导评估的目标不在于评估本身，而在于评估结果的综合分析，发挥监督、指导和激励的作用，达到改进工作和推进目标实现的目的。督导评估适用的有关政策、法律法规和目标依据具有严肃性和规定性。每次督导评估及其结果的应用都非常重要，可以及时总结经验、凸显先进，发现问题、找到差距，起到带动整个行业进步的作用。

督导评估具有激励被评估者内部需要和积极性的作用。督导专家通过督导评估，帮助被评单位总结成功经验，找出差距和问题，分析产生差距的原因，共同研究解决问题的办法，激发内在积极性，使被评估单位和个人再上新台阶。每评估一次，都是对其的"激励"，激励被评对象奋发努力、积极向上、向更高的目标迈进。

发挥督导评估功能，建立督导制度，是行业改革与发展的必然要求，是党政领导心理专业服务的重要标志，要坚持督导和指导并重，统筹规划，分步推进，不断开创督导工作的新局面。

六、支持督导

（一）开展大数据分析和评估

利用互联网、物联网、大数据、云计算等信息化手段，开展社会心态分析研判和风险评估，建立和完善主动监测预警制度，设立社会心理服务电子档案库。充分发挥社会心理服务站点信息系统平台优势，在政府主管部门指导下摸排各类矛盾问题，及时发现心理困境人群及突发事件的苗头，疏导化解矛盾纠纷。以社会心理服务体系建设专业委员会为主责，建立心理专家资源库，及时更新调整人员信息，定期开展专业研讨与培训。运用信息化手段及时收集、持续跟踪服务对象的情况，分级建档、分类管理，不断积累案例档案资料。

（二）建立规范化站点实习

实施站点布局工程。按照"合理布局、广泛覆盖、就近便利"[5]原则，在各街道（乡镇）普遍建立具有统筹指导、专业督导能力的社会心理服务中心。在重点和需求较强的社区（村），设置社会心理服务站。服务中心及站点实施规范化、标准化星级评定。运用党政机关、事业单位、商务楼宇、工厂工会、养老机构、社区卫生站等心理服务资源，发挥社会心理工作组织作用，派遣专业心理人才和心理专业组织，合建合作、规范运行、拓展服务。开展志愿者社会心理服务知识与能力培训，建立社会心理服务志愿者队伍。鼓励和引导医务人员、高校教师、在校学生等参与社会志愿服务，深入社区、农村、学校等开展科普宣传、心理支持、心理指导等志愿服务。

（三）实施后台支撑工程

依托基层阵地兜底保障。按照"三个聚焦"要求，在儿童保护、老年人和残疾人康复、流浪乞讨人员救助、婚姻登记等领域助难帮困，兜底保障特困群体。聚焦社区矫正、刑满释放、吸毒等特殊人群的心理健康，健全政府、社会、家庭"三位一体"的帮扶体系，加强心理疏导和危机干预，提高其承受挫折、适应环境的能力，帮助其融入社会，预防和减少极端案（事）件的发生。

（四）开通社会心理指导热线

整合心理应激干预（预防自杀）、老年心理干预、儿童心理辅导等现有电话热线资源，为有需求群众提供更为专业性、综合性和及时化的心理指导服务，预防和避免极端事件发生。

（五）做好应急干预预案

以应激干预心理专家为骨干，建立健全自然灾害、公共安全等突发事件应急响应机制，加强相关机构、资源统筹协调、应急演练。在自然灾害等突发事件发生时，及时开展心理危机管理，在事件善后和恢复重建过程中，对心理高创伤人群持续开展援助服务，降低伤害程度，帮助其正常回归社会，预防和减少极端行为发生。

第三节　组织管理

一、督导专业委员会

社会治理依靠坚强的人才体系基础。目前，专业心理人才培养处于多路探索、无序发展的境地。通过健全完善社会心理服务人才培养体系，政府建制度、抓管理，行业定规矩、做督导，把培养人才作为社会心理服务体系基础工程来抓。

既统一又"分治"，实行行业管理。社会心理服务体系建设归于国家治理体系，党和政府统一负责。但是，落实到各省份的主责部门也不一样。例如，北京市社会心理服务体系建设，由中共北京市社会建设领导小组及其办公机构中共北京市社会建设工作委员会（社工委）负责，而社工委并不是在全国范围内都设立的一个部门。其他各省份参与这项工作的部门包括政法委、宣传部、卫生健康委等，分担着不同职责。因此，需要建立政府各部门分工合作机制，明确行政体系和责任主体，明确各部门的分工职责；明确社会心理服务人才的标准和培养机制，保证社会心理服务人才全面掌握相关知识及专业技能，提高社会心理服务人才的整体素质和专业性；完善各部门之间的协调机制，奠定多部门多方面的配合、周密人才培养体系的制度基础。

加强行业管理。在规范培训对象上实行"分治"，社会心理服务人才包含精神科医生、心理咨询师、社会心理指导师、社会工作者等，分属于各个不同部门、不同行业，并无统一的管理体制。如，心理咨询师资格考试还没有被取消时，虽有统一认证，但无主管部门。精神科医生分属医院及精神病福利机构。学校心理健康教育属于教育部门管理。因此，在不同类型与服务方向的人才分属于不同的管理机构情况下，不能如原来心理咨询师培训考试一样，由政府劳动部门一体承担，管考不管用、发证不监督，最后导致"掺水作假"，职业信誉受到影响。因此，在政府建立社会心理服务人才体系管理制度后，具体培养管理与监督由各行业社团分工负责，依靠行业监管和制度约束。

二、督导岗位要求

《关于加强心理健康服务的指导意见》提出：各有关部门要积极设立心理健康服务岗位，完善人才激励机制，逐步将心理健康服务人才纳入专业技术岗位设置与管理体系，畅通职业发展渠道，根据行业特点分类制定人才激励和保障政策。要"通过培训专兼职社会工作者和心理工作者"，推动心理健康工作进入社区、走入农村。依据该政策，北京市推动社会心理指导师职业能力培训，着力培养一支立足社区、服务居民的心理专业社会工作者队伍，既摆脱社区心理服务发展困境，又建立社区与农村心理服务工作行业管理制度。

一是立足基层，预防为主。社区为社会心态建设的主阵地，全面普及和传播心理健康知识，强化心理健康自我管理意识，加强人文关怀和生命教育，消除对心理问题的偏见与歧视，预防和减少个人极端案（事）件发生。

二是搭建平台，形成体系。培养社会心理指导师人才，建立党委政府领导下的心理指导师队伍，健全社会心理服务体系，促进单位、家庭、个人尽力尽责广泛参与。

三是严格制度，完善规范。从我国基本国情和居民实际需要出发，将满足群众心理需求与心理指导师长远发展相结合，逐步建立健全社区心理健康服务制度，形成心理指导师职业管理规范，促进心理健康服务科学、规范、有序发展。

四是坚定方向，明确目标。坚持全民心理健康素养提高和个体心理疏导相结合，以满足不同群体心理健康服务需求为方向，最大限度满足人民群众心理健康服务需求，培育自尊自信、理性平和、积极向上的社会心态。2017年12月10日，北京市对100名社工开展心理指导师试点培训，推动心理健康服务工作进入社区，成为社会心理服务体系建设的第一批骨干力量。

三、督导服务领域

中国特色的社会心理服务体系具有鲜明的时代性与创新性，需要在实践探索基础上，建立系统性的行业监管与引领制度。设立"社会心理督导师"这一新岗位，源于北京市10年心理服务经验，也得益于一批具有创新活力的专家带动。

（一）提供专业保障

社会心理服务规范化、系统化和科学化水平都有待提高。但是，新的职业制度并未建立起来。社会心理督导师为社工和院校学生走上社会心理服务道路，提供了专业训练、能力提升和职业发展的多维保障。

（二）解决社会痛点

社会心理服务对象多数是陷入生活与心理"双重困境"的特殊群体。他们中的许多人经济水平有限，没有能力承担高额的心理咨询费用。社会心理督导师通过培养基层社会工作者的心理服务能力，让社会心理服务走进社区，降低服务成本，有效缓解服务对象的经济压力，使经济来源有限和收入较少的人，如下岗人员、低保户、精神病患等，享受到及时、新近、就便的心理关怀。

（三）监督行业发展

社会心理服务体系属于激励创新创业领域，目前还缺乏基本的法律保障和约束，更加需要强化职业伦理与道德建设。社会心理督导师建立专业委员会，从自我管理角度做出从业规范与执行标准，保证了新兴职业的健康发展。同时，对于部分机构和个人利用人们对心理服务的好奇心，做虚假宣传等不良行为，进行行业自律督导。

四、督导职业自律

职业自律是一个涉及内在动机、目标设定、习惯养成、自我监控和压力管理等多个方面的综合过程。督导师角色不仅是监督和指导他人，更是自我管理和自我激励的典范。

（一）内在驱动力

督导师对工作要有真正的兴趣和热情，自律才会成为一种自然状态而非强迫行为。因此，督导师无论是出于对职业的热爱、对成就的渴望，都是建立在承担社会责任、明确利他性工作的基础上，具有正确的内在动机。

（二）目标和计划

自律需要明确的目标和详细的计划来支撑。督导师应当为自己设定清晰的职业目标，并制定实现这些目标的具体步骤和时间表。这样可以帮助他们在日常工作中保持方向感和动力。

（三）良好职业习惯

自律还包括建立一系列有益的工作习惯，如定期回顾工作进度、有效管理时间和资源以及持续学习和提升专业技能。这些习惯有助于督导师在职业生涯中保持高效和专业。

（四）自我监控和反馈

自律并不意味着一帆风顺，面对压力和挫折时，督导师需要具备坚韧不拔的精神和应对挑战的能力。他们应当学会管理情绪、寻求支持，并从中吸取教训，以便更好地应对未来的困难。同时，也需要自我监控和反馈机制。督导师可以通过定期评估自己的工作表现、接受同事和上级的反馈来了解自己的进步和不足，并据此调整自己的行为和策略。

第四章
社会心理督导模型

模型即原理和方法。社会心理督导模型属于专业机构认证的职业能力模型。本章主要阐述的督导内容模型、督导方法模型和督导关系模型，属于培养社会心理督导师的教学与实践能力评价范畴和标准。

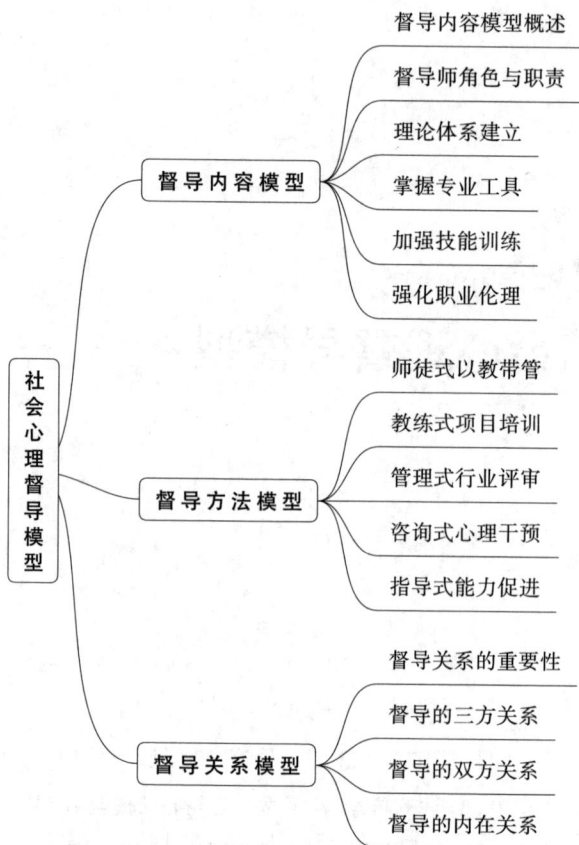

第一节　督导内容模型

社会心理督导模型，适应于社会心理服务体系督导需要，完善社会心理服务和人才培养的评价标准。

督导内容是在"职业能力"周边延展出"四维向度"，分别为建立理论体系、掌握专业工具、加强技能训练、强化职业伦理（见图4-1）。

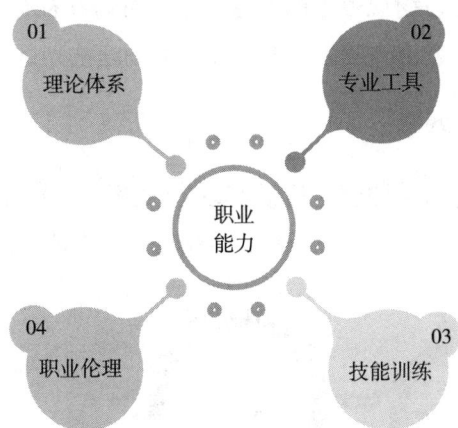

图4-1　社会心理督导内容模型图

一、内容模型含义

督导师被认为是一种独特的专业师长身份。督导师的职业范畴是在社会心理服务领域，从事专业把关、监察与培训的专家工作。

使用督导内容模型主要优势在于，它能给督导对象提供一种示范，对社会心理内容有"亲身体验"，能更好地理解"成才"的目标与方向。所以，社会心理督导内容模型，必须注重理论联系实际，在不断实验和案例分析中，提高督导对象解决实际问题能力，以及培养创新思维和能力。

社会心理督导是从10年实践探索后最新发展起来的。尽管督导的发展已经有很多方向，但社会心理督导内容清晰指向社会心理服务最新理论发展。

社会心理督导内容模型，区别于心理咨询与治疗督导，有效地避免了工作中误入违法陷阱。

《中华人民共和国精神卫生法》[6]规定，心理咨询人员从事心理治疗或者精神障碍的诊断、治疗的；从事心理治疗的人员在医疗机构以外开展心理治疗活动的等情形，县级以上人民政府卫生行政部门、工商行政管理部门依据各自职责责令改正，给予警告并处罚款，没收违法所得；造成严重后果的，责令停业直至吊销执业证书或者营业执照。心理咨询与心理治疗违反法规，构成犯罪的依法追究刑事责任。根据这一法律规定，大多数心理咨询督导师受到心理治疗等职业准入限制。而社会心理督导师则具有鲜明的社会工作性质，建立政府或行业组织规范下的职业伦理，可以在社会服务的职业范畴中，使督导对象树立法律意识，避免步入专业行为的违法禁区。

二、建立理论体系

社会心理服务理论体系共有"五大模块"（见图4-2），即组织领导、政策法规、人才培养、四级服务、心态监测，共同构成社会心理服务体系建设内容。

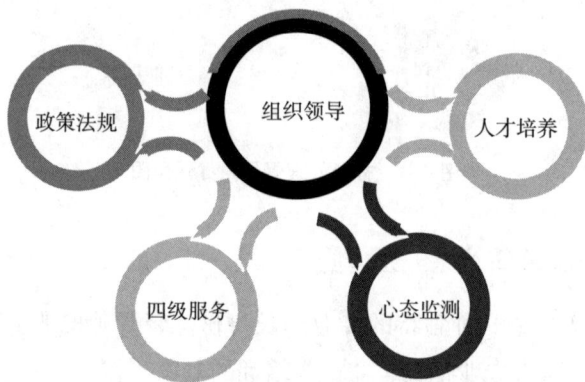

图4-2　社会心理服务理论"五大模块"

党的十九大作出"加强社会心理服务体系建设，培育自尊自信、理性平和、积极向上的社会心态"战略决策，不是增加一门心理学新兴技术，更不是提出心理健康的新疗法，而是创造一种新理论，为解决社会主要矛盾找到根本方案，那就是加强社会心理服务体系建设，培育自尊自信、理性平和、积极向上的社会心态。

"社会心理服务"是一个中国特色的社会学科概念，也是一种切实的社会实践。"社会心理服务理论"要增强现实敏感性和针对性，着眼岗位实际需求，探索理论指导内容；着眼岗位职责任务，搭建服务能力框架；着眼岗位职业发展前途，建立职业观念和理论体系。

社会心理督导是针对社会心理从业者和人员，开展理论建构训练。使社会心理指导师在获得专业证书、实习、督导、登记注册后，在心理服务站点或机构开展岗位服务时具备良好和正确的理论指南。

比如，北京市社会心理服务体系建设文件规定，社会心理服务机构拥有社会心理指导师或督导师，才能具备在北京市社区开展心理服务、申报政府购买项目等资质，建立这项制度的原因，主要是能够保证社会心理服务理论正确引导和组织基层的心理服务体系建设，开展居民的各项心理服务工作。

三、掌握专业工具

专业工具或称技术模块。社会心理督导必须针对被督导对象，掌握其技术工具。

模块一：关系建立的技术。掌握关系建立技术的基本方法与要点；能够与来访者迅速建立良好的关系，以及迅速识别关系的阻抗并积极处理。

模块二：倾听、反馈及提问技巧。通过对倾听、反馈及提问的综合演练，熟练掌握倾听的目的与基本技术；在倾听的过程中可以共情服务对象；可以保持价值中立的专业立场；能够有效地听懂并且把内容反馈给服务对象，积极地建立好的关系，为心理指导工作打下良好基础。在能够倾听、共情接纳并反馈给服务对象的基础上，适当地提出延展性问题。通过向服务对象提问，了解情况、收集资料，促进双方的交流顺利进行，便于指导服务的顺利开展。

模块三：心理筛查技术。掌握常用的标准化测验方法，学会问卷调研的设计、组织访谈评估、筛查的后续工作目标的设立。

模块四：个体心理指导技术。积极建立良好的互助人际关系，并能够运用和掌握一定的心理指导技术，在社区中为一般服务对象提供情绪及行为疏导、心态指导。

模块五：团体小组活动的带领技巧。熟练掌握团体小组活动的目标设定、招募和实施流程；能与小组成员积极建立良好的关系，适当地介绍活动及小组状况，并选择一些暖场活动帮助小组成员快速建立放松、安全、互相信任的关系。能够辅助建立团体关系，以确保活动能够顺利开展，达到预期目的。

模块六：专题讲座。熟悉课题设计和策划思路；清晰讲座结构步骤和重点；可以掌握常用教学方法；可以运用心理科学的方法，对居民开展心理素质教育与心理健康教育活动，以促使居民提高心理素质，促进居民身心和谐发展。

模块七：沙盘技术学习与演练。了解沙盘游戏的基本理论原理；熟悉沙盘室的场地设置；了解沙盘的基本概念元素；熟悉沙盘游戏在社区工作中的运用与基本技术；具有带领居民群体开展沙盘活动的能力。

模块八：放松减压（认知 ABC、正念）技术。能够识别压力源和自动化的不合理思维，可以运用认知 ABC 技术帮助来访者转变想法、改善情绪状态；能运用正念冥想的技术帮助居民个体或团体进行放松减压。

模块九：绘画分析活动。学习与演练绘画分析活动的基本原理、优势、应用场景和分析技术。熟练运用"房、树、人测验"进行基本的分析和筛查。

模块十：音乐舞动团体活动。学习掌握一系列身体练习、舞蹈动作和音乐体验，了解艺术疗愈的意义，熟悉音乐舞动、鼓圈等艺术活动的理论基础、特点；掌握音乐舞动、鼓圈活动的基本设置和流程；具备艺术疗愈的带领技巧，让大家产生和谐的团体音乐体验和积极的快乐感受，缓解压力、促进沟通、提高社会交往能力。

四、加强技能训练

技能训练对于督导师成长来说是很重要的。

（一）技能训练方法

技能训练方法包括三项内容：

评估。对于自身的技能水平和技能缺陷进行自测或他测，然后按等级将这些缺陷进行排列。

示范。示范督导所教的每一项督导技能。

迁移。以督导角色扮演和对自己的表现进行自我评价的形式将技能运用到真正的实践情境中。

（二）技能训练管理

依据统一制订的社会心理指导师督导方案，进行具体实习计划及管理。

（1）明确责任权利。社会心理督导师在专业委员会的监管下，依据督导方案提供有助于社会心理指导师实习学员专业化和职业化发展的理论技能培训、实践实习、组织考核，完成实习基地工作任务，督导方案在网站公示。自愿参加督导的学员认真阅读并认同该方案后，甲乙双方签订督导协议，遵守考核和管理等合约。

（2）明确训练条件。督导师为学员合理安排并提供必要的学习条件。包括督导场所、训练资源、实习岗位和实践机会等。在学员实习结束之后，在社会心理指导师证书内页成绩栏"操作技能考核"中填写优秀、良好、及格，共三档，不及格者不签署成绩。凡是获得合格以上成绩者，给予首次登记，并由实习基地盖章，上报网站公示。

（3）督导师在督导社会心理指导师完成实习方案和规定实践内容后，可根据自身特点，拓展感兴趣或智能化的学习内容。

（4）双方应按社会心理指导师实习方案规定收取实习费用，有义务按经费使用标准进行使用管理，并接受督导专业委员会审核。

五、强化职业伦理

针对督导对象的岗位职责，开展职业道德和伦理培训。

（1）基本职业道德修养训练。社会心理指导师在从事心理服务时应遵纪守法，遵守职业伦理准则并执行严格的道德标准。注意加强自身的修养，不断完善自己，提高自己的心理健康水平。

（2）社会心理指导师应不断学习本专业以及服务所需的有关知识，促进自身的专业发展，提高专业服务水平；应明确了解自己的能力界限和专业职能的界限，不做超越自己能力和职能范围的事情。

（3）明确与服务对象的责任。社会心理指导师的工作目的是居民从其提供的专业服务中获益。社会心理指导师应保障服务对象的权益，努力使其得到应得的服务并避免伤害。包括不得因服务对象的性别、民族、国籍、宗教信仰、价值观、性取向等方面的因素歧视对方。明确了解心理服务工作的性质、工作特点、收费标准、可能的局限以及被服务者的权利和义务。

（4）社会心理指导师在进行心理服务工作时，应与服务对象就咨询目标、方式等问题进行讨论并达成一致意见，必要时应与服务对象签订书面协议。当社会心理指导师认为自己不适合对某个服务对象进行工作时，应对服务对象明确说明，本着对服务对象负责的态度将其介绍给另一位合适的专业人员。

社会心理指导师若发现有人违反了岗位规范，应予以规劝。若规劝无效，应通过适当渠道反映其问题。如果对方违反伦理的行为非常明显，而且已经造成严重危害，或违反伦理的行为无合适的途径解决或根本无法解决，心理指导师应当向合法管理机构举报，以维护行业声誉，保护服务对象的权益。如果心理指导师不能确定某种特定情形或特定的行为是否违反伦理规范，可向管理组织寻求支持。

第二节　督导方法模型

我国从唐代开始，除简单体力劳动以外的社会行业称"三十六行"。到了清代，又称"七十二行"，现代常说"三百六十行"。中华文明百工千艺，社会分工既多且细，每个行业在新人入门时要有拜师程序，即为新入行者选择一位师傅，师傅发挥了行业传承的守门人作用。因此，沿用千年的"师道"，即建立行规行约、传承专业技艺的导师，属于中国本土化的督导师。唐代韩愈《师说》："师者，所以传道授业解惑也。人非生而知之者，孰能无惑？惑而不从师，其为惑也，终不解矣。"

社会心理督导是职业训练能力的提升，它是由经过认证的专业督导师，对行业内新进入工作机构、一线初级岗位人员和实习生等，按照一定的督导程序，开展专业知识训练、服务能力提升或者资质能力审查。在具体的督导工作中，形成一系列的督导方法模型（见图4-3）。因此，督导师就是社会心理服务行业的守门人，或者是社会心理指导师职业守门人。

图4-3　督导方法模型

一、师徒式以教带管

师徒式教育完全以督导师为中心，是具有个人色彩的社会工作督导方式。督导者是师傅，学生对老师有尊敬爱戴并带有服从性的特点。教师的权威具有神奇的力量，这种力量满足了新入行者不愿自己负责而希望依赖他人的需要。

（1）强调学习过程。督导者承担更多责任传授专业服务知识与技术，以增进其专业技巧，进而促进督导对象成长并确保服务质量。

（2）具有团队建设性质。使督导对象归属到一个团体来增强其从属性、提高自我意识、达到自己力所不能及的严格要求。

（3）强调言行相教。徒弟应尊敬师傅，虚心请教，服从指导，勤问、勤记、勤练。经常向师傅汇报学习和思想情况，在学习技艺的同时，要学习师傅的优良作风，遵守各项规章制度。

（4）制定制度或者签署协议。建立师徒式督导的目的是建立长期合作关系，必须制定制度或者签署协议，确定督导的预期目标、关系的界定、交流和沟通的形式和时间、双方的权利和义务、考核的标准和方法、违约的责任和处罚、达到目标后奖励等因素，同时还应该包括监督和考核机构。

二、教练式项目培训

教练式督导是扮演一个中立的、启蒙的、无私的支持者角色。专业督导是针对一个机构或者新入行者，通过项目合作建立教练关系，帮助督导对象成为专业和事业上的赢家。

（1）定制合作项目。督导帮助督导对象提升能力，提高工作质量，开展专业的训练，按督导对象需求定制合作项目。

（2）明确教练体系。教练式督导有不同的训练体系，在采取这种督导模型时，应当向督导对象说明。不同的教练体系训练内容和技术各不相同。如认知教练体系核心是关于个人心智模式成长的教练模型。NLP 教练技术是以个人及组织互动状态为核心的教练体系，对话技术将复杂的教练工具及分析模型，简化为框架模型和教练辅导表格，更有利于掌握和使用。

（3）教练式督导不是顾问，不提供解决问题的方案，而是支持督导对象自己去发现早已潜藏在心中的属于自己的最合适的答案；教练不是老师，甚至不比你懂得更多，并不灌输概念和知识，但他能支持你发掘自己的潜力和智慧；教练不是心理医生，不会去平复你的情绪，而是支持你提升自己管理情绪的能力；教练不针对你的过去，而是关心你的未来；"对人不对事"，不提倡"对事不对人"，因为事情是由人解决的，教练相信并支持你自己解决；教练不是知识训练或者技巧训练，而是一种拓宽信念与视野的能力和习惯的培养。

教练式督导犹如一面镜子，反映当事人的真实现状和局限，同时引导对方看到更多的可能性，给对方一个重新选择的机会。

三、管理式行业评审

根据国家发布的标准或行业规范要求，按照政府部门或单位委托开展行业评审评价，提供专业能力、方法措施及技术等方面的专家建议。

管理式行业评审主要承担两大类任务。

（一）行业规范的制定与贯彻

研究撰写或参与制定专业规范。

设计机构管理运行或专业技术的体系化评价方法及架构。

掌握并参与制定本行业各项管理规定及技术的细化、具体要求与标准。

例如，由北京市民政局组织制定的我国社会心理学领域的第一个地方标准——北京市《社会心理服务站点服务规范》。此前没有社会心理服务相关标准，迫切需要标准的支持和引领。

督导师在参与检查督导社会心理服务站点的管理与运行情况时，就按照《社会心理服务站点服务规范》的基本要求、服务内容进行评价，针对站点能否做到坚持预防为主、突出重点、普惠实施、注重实效的原则，开展心理学知识宣传与普及、心理指导与辅导、社会心态监测分析与预警等，分别进行检查评分。引领和促进各个服务站点正常运行、规范制度，更好地促进社会心理服务站点作用发挥。

（二）行业准入把关

1. 职业岗位准入

《关于分类推进人才评价机制改革的指导意见》（中办发〔2018〕6号）指出："发挥市场、社会等多元评价主体作用，积极培育发展各类人才评价社会组织和专业机构，逐步有序承接政府转移的人才评价职能。建立人才评价机构综合评估、动态调整机制。"比如，北京市社会心理指导师是在中共北京市社会建设工作委员会、北京市民政局《社会心理指导人才培训纲要》指导下，建立心理服务人员职业能力评价体系。《社会心理指导师管理手册》就是管理与指导本体系发展的具体措施和依据。

2. 专业服务领域准入

以北京为例，北京市发布《社会心理服务站点服务规范》（DB11/T 1850—2021）地方标准后，对列入市政府重要民生实事项目的新建站点，动员街道（乡镇）、社区（村）、相关专业机构，根据站点建设规范填写站点新建申报表，由督导师组织开展区级初审，市里组织专家督导组完成评审确定站点建设名单。

3. 能力水平类评审

行业协会等履行管理使命，制定和完善各项标准和规范，建立和健全信息管理体系，在行业自律基础上，做好本行业单位及个人的服务能力和效果的评估检查。

（1）明确服务规范。社会心理服务既缺乏人才，又缺乏标准，更缺乏制度性设计。在疫情下社会矛盾突出、生存压力巨大，自杀、伤人等现象增多，急需高质量专业心理人才。但是，市场上不被认证的培训班误导新人投入大量时间、热情和金钱，结果没有证书、没有岗位、学不对用，造成资源浪费。因此，必须加强社会心理服务岗位开展与规范制度研究；完成社会心理指导师"十项技术操作规范"；制定中高级社会心理指导师教育培训与管理规范；建立心理服务机构和人员信息管理体系。

（2）加强过程监管。心理服务建设与管理任务是一项庞大工程，为防止把社会心理服务做偏做空，必须强化服务质量监管和日常监管，过程标准有以下几类：①"社会心理服务站岗位工作标准程序"。②心理服务机构和人员社区准入制度标准。③建立行规行约和行业自律制度。④建立服务质量监管和日常监管制度。⑤定期对心理服务机构进行评估。⑥建立全市纵向到底、横向到边的督导与检查网络，打造社会心理服务综合监督格局。

（3）树立先进标准。①培育一批服务质量领先、运营模式多元化、运营特色突出等的重点企业，使部分会员领先做强做大。②对心理服务站进行跟踪监督。③出台站点评价标准。遵守基本原则：坚持党的领导；坚持以人民为中心；坚持问题导向；坚持共建共享。完成基本任务：心理知识宣传与普及；加强社会心态监测预警；积极援助和干预心理危机；培育积极向上的社会心态等。④评价方法是专家推荐评议与群众打分。获得"五星级"资质的机构和人员，给予优先对接政府资源，在专业领域广泛宣传。

四、咨询式心理干预

西方经典心理学与心理咨询具有成熟的督导理论与模型，在社会心理督导师教学中，许多授课老师也来自心理咨询与治疗领域，他们带来的精神分析模型、服务对象中心模型和认知行为模型等督导模型，经常会被作为社会工作中的心理干预个案使用。社会心理督导师在帮助督导对象进行个案心理干预时，使用的是社会工作视角，与心理咨询流派完全不同，这一点尤其要注意。

（一）精神分析或心理动力督导

弗洛伊德发明的"谈话治疗"奠定了心理动力学基础。督导工作程序和治疗是"以病人为中心的"。督导师立场是作为一个客观的和不参与的专家，帮助督导对象认识到"关于病人的思维什么是真实的、正确的，技术是什么"，对督导对象的动力学给予更多的关注。具体地说，督导师的关注点集中于服务对象、督导对象、督导师与督导对象之间的关系。

督导师的角色风格是"说教式的老师"，或者苏格拉底式的"提问者"，督导对象的"情感容器"，在相互影响过程中完成督导工作。

当然，"病人视角"属于心理咨询师或者医生职业，社会心理督导师对于服务对象须持平等合作态度。

（二）人本主义或关系取向督导

人本主义或关系取向督导认为，仅有说教式的训练是不够的，必须增强体验觉察和运用治疗性关系促进改变。因此，督导的焦点主要是帮助督导对象在拓展专业理论和知识之外，创造出"真诚、共情、温暖"等条件，增强督导对象保持全身心在场、坦诚、真诚以及接纳的能力，信任受训者具有内在的能力和动机去获得成长。

督导师必须向督导对象示范"坦诚、接纳、共情以及热情"的态度，给个体需要的基本尊重，使督导对象通过自己的亲身体验习得合作性、关系性、重视个人的发展等。

（三）认知行为督导

行为治疗与认知疗法最初是分别独立发展起来的。行为治疗的重点在于可观察的行为和对学习的条件反射模型的依赖。认知疗法则关注于改变服务对象的认知。

行为主义督导师通常将其督导方法描述为以下过程：建立信任的关系，技能分析与评估，为受训者设立目标，构建策略并实施以达到目标，以及后续跟踪评估和学习成果的泛化过程。督导对象应积极开展行为实践，或采用想象训练、行为演练和角色扮演等方法，这些都具有重要的作用。

（四）系统督导

系统督导是独立于心理治疗督导的，实质上是家庭治疗。

系统督导的独特贡献在于它认为"治疗师及其督导师都是系统互动过程的积极参与者"。

整合性婚姻与家庭治疗督导的核心成分概括为以下5点：

（1）形成一个系统（理论的个案）概念化（如用家庭循环过程的理论对问题进行概念化）；

（2）帮助督导对象营造一个系统性治疗联盟（如与每个家庭成员建立起工作联盟）；

（3）引入并强化重构（对问题的重新命名或重新定义，从而更为创造性地解决问题）的过程；

（4）协助督导对象应对治疗中出现的消极互动现象，增强家庭成员间的凝聚力，辅助家庭重建和提高养育技能；

（5）理解并应用现有的循证家庭治疗模型。

系统督导还有一个非常突出的标志性特征是，它会关注督导对象的原生家庭问题。

（五）后现代或建构主义督导

人类科学的一个重要发展就是以后现代、后实证主义或构建主义为特征的一种新世界观的出现。

构建主义督导的典型特征是，高度依赖督导师的顾问角色，尽量在参与者之间保持相对平等性（例如淡化等级特性），关注督导对象的力量，结合反思性的互动以协助督导对象自己找到答案，在评价过程中同时强调自我评价及督导师评价。与构建主义治疗一样，构建主义督导也会关注每个人的文化视角，以尽可能减少文化预设。

焦点解决治疗主要关注促使服务对象去获得他们想得到的东西，而不是去关注他们有何错误。关于焦点解决治疗督导的质性研究概括了焦点解决治疗督导的7个主要成分：

（1）先正向开场，然后是问题描述；

（2）确定积极的督导目标；

（3）探索督导对象和服务对象的例外情况；

（4）通过与督导对象讨论假设情境，以及思考督导对象对糟糕案例叙述感到担忧的内在意义，构建其他可能性；

（5）给出反馈，进行教学；

（6）协助督导对象形成下一次咨询中准备采取的一小步；

（7）基于焦点技术和哲学观，在后续督导中，持续追踪服务对象和督导对象取得的积极改变。

（六）整合疗法督导

整合疗法督导是关于整合治疗方法的督导，其主要焦点同样是指导督导对象发展基于某种理论的胜任力，虽然其理论背景可能是多样化和灵活的。

心理咨询与治疗的督导师认为，必须基于一个特定的理论流派对个案进行概念化，并在整个个案工作过程中贯彻同一种理论观点。如果在治疗过程中必须对这种理论方法进行调整或补充其他方法，那么督导中就必须讨论将其他理论流派的概念技术整合进来的意义，以及这种整合与最初的概念化之间是否协调一致。因此，整合治疗督导的前提是督导师具有从不同理论流派观点进行督导的能力和意愿，并且愿意投入一定的时间来协助督导对象理解整合的意义和局限性。

五、指导式能力促进

社会心理指导师作为一种职业能力体系，必须经过理论学习、技术训练与岗位能力培训。接受督导以提高履行社会心理服务站（中心）岗位职责的能力，这是社会心理督导体系最重要的特征。

社会心理指导师在完成理论培训后，需要完成专业技能培训和实践经验积累。每一名初级社会心理指导师开始从事社会心理服务工作之后，都需要接受持续的培训督导，以解决自己在社会心理工作中遇到的问题、困难，不断提高专业技术水平和职业发展的心理动力。在实习过程中，技能培训由带教老师或者工作坊开展，督导师主要完成专业能力的提升以及个人职业生涯指导。

（一）个体督导

个体督导是督导工作中最常用的一种工作方法。一对一的服务，有利于个案深层次问题的分析及解决。

（二）团体督导

团体督导是在团体情境中提供帮助与指导的一种形式。它是通过团体内人机交互作用，促进个体在交往中通过观察、学习、体验、认识自我、探讨自我、接纳自我，调整和改善与他人的关系，学习新的态度和行为方式，以发展良好的生活适应的助人过程。对于在社区工作的社会心理指导师来说，工作范畴既会涉及个案，也会涉及一些同质性很高的群体，比如儿童群体、青少年群体、恋爱婚姻困惑群体、老年人群体、残疾人群体、失独群体等，因此工作的时候既要采用个案方法，也要掌握团体技术，所以对于社会心理指导师来说，这两门知识和技能都必须牢牢掌握，并得以在实践中慢慢探索，灵活运用。

（三）支持性督导

为解决社会心理指导师的压力源，针对被督导对象的专业压力、工作的压力、服务机构行政压力、社会对心理问题等存在的不正确认识等问题，提供支持与帮助。

支持性督导原则是根据督导对象的特点有针对性地缓解压力；善于激励、催化，妥善处理冲突紧张的关系。

工作内容：

（1）疏导情绪：处理负面情绪；

（2）给予关怀：给予关怀与支持；

（3）发现成效：自我欣赏，激发志气；

（4）寻求满足：满足感、价值感、专业认同。

（四）量化评优

在督导过程中需要一些效果计量，采用量化评分法，是通过将督导内容化为可以量化的进步程度或数量值，经过测量这些相关数据，并以量化统计方法来分析结果数据，最终达到评价督导目的的一种方法。一般常用的量化评分法有：测验法、问卷法、实验法等。

注重督导效果，使督导对象实现知识目标、技能目标、情感目标有机相融，激发学习者积极思维，营造宽松、民主、平等的学习氛围，使其在督导者指导下具有积极的情感体验。

（五）重视反馈

将督导对象发生何种变化，是否达到所期待的结果，进行不断反馈，以实现督导目标。

在督导过程中，"目标"起着十分重要的作用。督导活动以目标为导向，且始终围绕实现目标而进行。反馈是双方教与学的互动活动，在这个过程中督导对象是信息的传输者，督导师在接收反馈信息后，要对接收的信息进行加工与处理，作出判断与决策，有效地帮助督导对象强化正确、改正错误，找出问题所在、明确指导方向，调整培训计划、改进方法，使督导达到预期目标。

第三节　督导关系模型

督导关系是开展督导工作中的核心议题。不同督导学派均重视督导关系的建立。

在社会心理督导工作中，督导者拥有更多的权力，同时也应承担更多的责任，必须处理好三重关系：督导者、督导对象及服务对象三方关系；督导者与督导对象二者关系；督导者自身的特质、能力、督导权力的运用等自我关系。

正确处理好这三重关系，不断提升督导效果。

一、督导的三方关系

督导首先是一种三重关系（见图 4-4）。

三个部分的相互作用过程是很复杂的，每个部分都对其他两部分产生影响。督导对象是这个系统中的关键人物，同时处于两种直接的关系中：服务对象与督导对象的关系，以及督导对象与督导师的关系。此外，还存在督导师与服务对象的间接关系，即使他们从不见面，依然可以影响彼此。因此，督导对象是这两种直接关系之间信息和过程的一个沟通渠道。

居民　　　　**指导师**　　　　**督导师**

服务对象　　　　督导对象　　　　督导者

图 4-4　督导的三重关系示意图

（一）人际三角

人际三角关系属于最基本的关系单元。正确处理这种三角关系，对于理解督导师、督导对象以及服务对象三者之间的交互作用具有非常重要的意义。

在任何一种三角关系内，其中某两个人可能倾向于联合起来，而第三个人就显得更边缘一些或者处于这两个人的对立面。无论你是哪一方，三角关系对于每一个人的行为都有催化性的影响。

督导中最明显的一种三角关系就是服务对象、督导对象和督导师之间的关系。这种特殊的三角关系有着自己独特的特点，可以限制可能的联盟出现。限制之一是权力的组织方式（这个群体中权力最小的是服务对象，权力最大的是督导师）；另一个限制是督导师和服务对象很少有机会进行面对面的交流，从而很少建立直接的关系。所以，在这种三角关系中，两个人一起对第三个人进行讨论的情形常常发生在督导师和督导对象一起讨论案子的时候。这当然意味着指导师－督导师的联盟关系，而服务对象是这个联盟外的第三者。然而指导师和服务对象也可能共同对督导师进行讨论，那么指导师和服务对象之间也可能会形成一个针对督导师的联盟。

总之，在人类相互作用的情景中，人际三角关系是普遍存在的。督导师必须觉察到人际三角关系的存在、动力学过程及其影响作用。有了这样的认识，督导师才能更好地避免问题性三角关系的出现，并且以一种有效的策略方式来对其他人进行管理。

（二）情景重演

情景重演可描述为：督导对象（指导师，下同）会无意识地将自己展示给督导师，就像服务对象将自己展示给指导师那样，当督导对象采取了督导师的态度和行为，并应用于对服务对象的工作中时，这个过程就逆转过来了。

这里出现的两种双方关系：督导师－督导对象；或指导师－服务对象。在这一个过程中双方关系重演。

督导师最初会假设：重演是督导对象在与督导师互动过程中将服务对象的部分特征，进行展示的一种单向的、自下而上的现象。例如，如果督导对象面对的是一个情绪抑郁的服务对象，那么督导对象在督导中可能会展示出一种非典型的抑郁方式；或者，在面对一个特别困惑的服务对象时，原本交流十分清晰、有条理的督导对象，在督导过程中可能会以混乱不清的方式进行互动。

督导对象将自己工作过程的特征，转移到督导的双方关系及过程中来：

（1）由服务对象—督导对象关系的某些方面触发；

（2）它发生在参与者的意识之外；

（3）督导对象是服务对象－指导师关系和督导师－督导对象关系过程的一个沟通渠道。

情景重演的存在，可以帮助督导师和督导对象更好地理解服务对象或督导对象—服务对象的互动过程。但是通常来说，督导师仅仅指出一个情景重演是不够的。建议督导师进行元沟通：明确地跟督导对象讨论，他们在督导师－督导对象关系中的模式是如何反映了督导对象－服务对象关系中的模式的（或者反过来也如是）。紧接着这样的讨论之后，督导师必须继续监控这一讨论对督导对象后续对服务对象的理解及相应工作的影响效果。

（三）形式复制

形式复制指的是尽管内容不同，但是形式相似的两种工作模式，这些模型可以相互映射，具有相应的组成部分和过程。当发生这种情况的时候，就可以被描述为每一个都是另外一个的形式复制。因此，督导系统就是工作系统的映射过程，而督导师和督导对象的角色就分别对应的是指导师和服务对象的角色了。

对社会心理指导师而言，形式复制发生在工作和督导之间的"循环再现"，它重点强调的是相互之间的关系，而不是发生于心理内部的过程。工作和督导这两个领域常常相互影响，两个领域都是包括所有系统特性的人际关系系统，包括边界、等级和子系统，每一个领域都有各自独特的特点。在这种关系里并不存在线性的事实关系，有的只是反射性的重演或复制。如现场督导要求指导师冒一定的风险并且进行一些实验性的行为，而对家庭进行心理指导，要求家庭成员主动地与其他人进行直接的接触。如此看来，现场督导和家庭指导两者之间是重叠的，现场督导是家庭指导的一个正确复制形式。

二、督导的双方关系

督导与被督导之间属于双方关系。双方关系受督导师能力和水平限制。督导师人际交往技能的水平和质量，有可能在一段时间内，成为督导对象的个人技能发展的一个天花板。督导师的移情、关注、真诚和具体化，在很大程度上对督导对象产生影响。

（一）工作联盟

工作联盟是督导促改变过程中最重要的因素之一。因此，有人将督导定义为"督导师与指导师之间的一种工作联盟关系"，使得联盟与督导之间的关系更加密不可分。工作联盟概念无论在工作关系还是督导关系领域都占据了理论主导地位。

服务对象与指导师的工作联盟强度是工作效果的强有力预测指标。工作联盟的强度可以通过以下几个维度进行估量。

（1）指导师与服务对象对目标达到一致的程度；

（2）他们在达到这些目标所必须完成的任务方面的一致程度；

（3）他们之间建立起来的情感联结的质量。

虽然指导联盟与督导联盟有众多相似性，但还是存在差异的，其中最明显的差别在于目标与任务的不同，因为督导更关注教育而非指导。

（二）影响因素

督导前期的一项关键任务，就是建立一个牢固的督导联盟，从而为后续解决问题打下一个良好的基础。

保持联盟的稳定性和持续性，维持督导联盟的质量，督导师应承担主要责任。

1. 督导师因素

影响督导联盟的督导因素有 9 种。

其中，7 种因素对联盟具有积极影响。

（1）社会技能；

（2）正念觉察；

（3）个人风格；

（4）运用专家和参照的影响力；

（5）运用自我暴露；

（6）建立安全依恋的能力；

（7）多元文化胜任力。

另外，2 种因素对联盟有消极影响。

（1）性别歧视；

（2）违反伦理行为。

2. 督导对象因素

督导对象对联盟也是负有责任的。

督导对象的态度、人格和技能，都不可避免地会影响到督导联盟的质量。

督导对象的特质，包括开放性、应激和焦虑水平、完美主义与对自我胜任力的担忧，都可能对督导联盟产生一定的影响。

3. 督导过程

督导师 - 督导对象互动过程，有 7 种影响因素。其中，具有积极影响的 5 种包括：

（1）使用督导协议；

（2）清晰而公正地执行评价过程；

（3）对督导师和督导对象的伦理问题进行公开讨论；

（4）督导师和督导对象以较高的种族认同水平进行互动交流；

（5）督导师与督导对象互动中的互补性。

具有消极影响的 2 种互动过程是：

（1）消极的督导实践活动；

（2）督导对象陷入角色冲突或角色模糊。

（三）影响作用

正因为联盟的重要性，所以我们才需要聚焦于预测联盟强度或有效性的影响因素。在第一种联盟关系中，服务对象与指导师联盟的重要性在于它能预测服务对象的接受效果。在第二种联盟关系中，不仅能预测督导工作的过程，并且预测了督导对象的工作满意度。因此，要重点关注以下三个方面。

（1）督导对象对督导师进行自我暴露的意愿；

（2）涉及督导对象对督导的满意度；

（3）督导对象对督导结果的评价。

三、督导的内在关系

所谓人的内在关系，就是处理好"内在的父母"与"内在的小孩"的关系。这种关系来源于童年时期和重要亲人的关系互动内化，投射到一生中的外部人际关系上。虽然成年后的外部人际关系也会部分地改变内在的关系，但这很难。

（一）个体差异

1. 个体差异的概念

个体差异是指个体在成长过程中，受遗传和环境的交互影响，在生理、心理和社会等方面表现出的相对稳定而又不同于他人的特点。

2. 个体差异的表现

主要包括两方面内容。

（1）能力或智力的差异。主要表现为以下三点：能力水平的差异，如聪明与愚笨；能力表现早晚的差异，如早熟与大器晚成；能力结构类型上的差异，如有的人观察力、记忆力强，而有的人思维力、想象力强等。

（2）人格上的差异。个体不同的人格特质或在某些特质维度中的不同位置形成的人格差异；个体差异归因于个体在生活环境中获得的强化经验的不同；个体对环境知觉构建的不同导致不同的现象场，从而产生个体行为反应的差异。

3. 内差异和间差异

个体内差异是指个体内部不同能力之间的差异，个体间差异是指个体之间存在的差异。

4. 质量差异

个体质的差异指身心特点、行为方式的不同；个体量的差异指发展速度的快慢和发展水平的高低。

（二）人格影响

人格是指个体内在的一致性和独特性。

个体在对人、对事、对己等方面的心理倾向和行为特征，是个体在社会化过程中形成的身心整体性、稳定性、独特性和社会性。俗话说：江山易改，本性难移。这里的"本性"就是人格。

人格包括能力、气质、性格、需要、动机、兴趣、价值观和体质等多个方面。其中主要部分为性格与气质。性格是人的稳定个性的心理特征，表现在人对现实的态度和相应的行为方式上。性格从本质上表现了人的特征，而气质就好像是给人格打上了一种色彩、一个标记。气质是指人的心理活动和行为模式方面的特点，赋予性格光泽。同样是热爱劳动的人，可是气质不同的人表现就不同：有的人表现为动作迅速，但粗糙一些，这可能是胆汁质的人；有的人很细致，但动作缓慢，这可能是黏液质的人。

一个人有乐观性格，倾向于表现出快乐、充满希望和热情。这样的一个人在大多数情况下会看到事物光明的一面。易激性格具有热烈激情、勇敢等特性。弱型性格易养成孤僻、怯懦等特性。人格类型在不同或相似的环境和培育条件下形成，带有各自不同或相似的气质特色。

人的能力是在不断地解决现实需求的过程中改变的，是随着生活给自己提出的任务要求与自己现有水平的矛盾而发展的。如思维灵活的人，在解决问题时有较快的速度，并有较大的知觉广度和善于分配注意力；而感受性强的人虽然缺乏持久耐劳的工作热情，却有敏锐的感受性和反应性。

（三）组织影响

个体差异对组织整体工作是一把"双刃剑"：差异性可以促成高质量的解决方案，同时也可以导致凝聚力降低。组织成员个体差异程度的不同会给群体绩效带来不同的影响。

1. 个体差异对组织的积极作用

组织中的个体差异性与组织高度的创造力和创新性正相关，或者说差异性与基于创造力的绩效评价尺度正相关。个体差异性的增加将导致组织群体创造力和工作绩效的提高。

通过分析组织成员组成的差异性与创造性的关系和原因，发现成员组成的个体差异性，增加了提供给群体的认知源的差异性。具有不同观点的差异性群体的成员，能够对收集的信息提出多种解释，并集中不同观点以提出对问题的创造性的行动或解决方案，为进行创造性的决策制定提供了巨大的潜能。由不同成员组成的差异性群体可以接近更为广阔的社会网络，使得可用新信息更容易地与决策融为一体，从而提高对快速变化的组织环境的适应能力；同时，差异性组织会产生更多的冲突，因解决这些增加了的冲突，可能将组织导向解决对环境的适应问题的新的和更优的方案，这就增强了组织对环境的适应能力。

差异性组织因其自身适应能力的提高，而更能适应变化的环境，相对于其他组织，差异性组织更能适应快速变化的环境。

2. 个体差异对组织的不利影响

组织成员组成的差异性并不总能提高组织绩效，它对群体工作效力也可能会产生不利影响。

组织成员组成的差异性同样可能降低群体的绩效。成员组成的差异性会增加管理团队的反复性，产生不和谐，导致低水平的意见统一性，进而破坏团队的管理能力，从而影响决策的制定与执行。

差异性组织中的成员的行为倾向、专业背景和经验的差异以及对其他成员所拥有的专业知识的不认可会导致差异性组织中具有不同背景和观点的人难以相互交流，对组织绩效会产生不利影响。

　　组织中的个体差异性还有可能会对群体凝聚力产生不利影响。个体差异性与凝聚力负相关，组织中具有不同经验、背景、信仰和价值观的成员容易产生交流困难，降低组织凝聚力，从而损害组织整合绩效。因此，社会心理督导师既要尊重个体差异，又要发现个体差异在工作组织中的积极或消极作用，掌握督导关系主动权。

第五章
社会心理督导组织管理 •————————————

与传统咨询督导师的角色和责任有较大区别，社会心理督导师还要更多地承担专业监察与行政管理责任，即两个方面：从专业上监督社会心理指导师提供给服务对象的服务质量和督导对象的专业发展；从行政上关注服务实施过程和专业机构发展，诸如沟通协议、人事关系、财务等众多问题，为本行业的健康发展以及工作人员和服务对象的福祉做好"守门人"。本章主要内容包括组织能力、工作计划和实施过程等，在督导筹划、体验及关系存续期间，始终保持严谨合规。

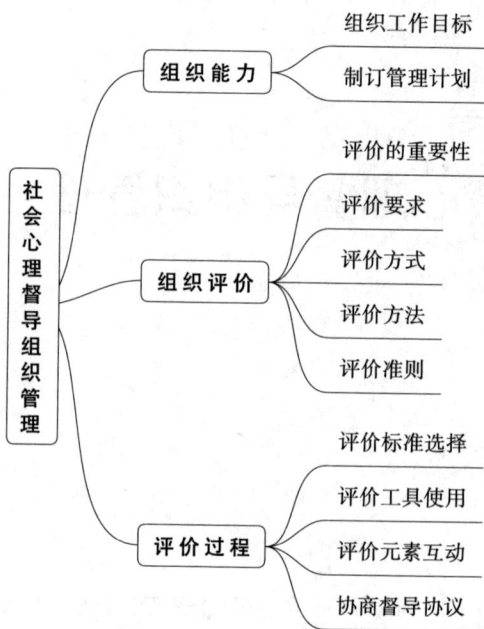

第一节　组织能力

组织能力是团队整体所发挥的战斗力，组织工作在提高督导满意度中具有重要地位。组织定律：目标决定组织，而组织决定职业化进程。因此，督导师要增强自己的组织意识，从专注业务到掌握和提升服务工作本领。

一、组织工作目标

（一）明确双方意图

督导师的驱动力应该是形成有效且高效的督导计划，其最终目标是培养有能力的、脚踏实地的从业者，并保障服务对象的利益。因此，在进行督导准备工作时，我们建议督导师先回答以下几个问题：

（1）我对即将一起工作的督导对象有什么了解？学习风格、文化世界观、经验水平等，这些是如何影响我对于该督导对象工作的思考的？

（2）根据我对督导对象的了解，我是否还必须做额外的准备，从而可以为他们提供更大的帮助？

（3）我了解了督导对象的目标，哪些较有可能在督导中实现？哪些不太可能实现？督导对象对这点清楚吗？

（4）我将在何时、以何种方式带督导对象进入他们将要接待服务对象的机构？我怎样评判督导对象已经充分掌握了伦理和法律规定？我何时开始介绍我的评价计划？

（5）我是否为督导对象安排了适当的服务对象数量？我是否也为其他重要体验做了准备，包括融入机构，制订计划？

（6）基于我对机构的了解，督导对象将会面临哪些预期的挑战？我如何将这些挑战变成有成效的学习机会？

（7）当我与督导对象在工作中遇到挑战时，我可以向谁请教？

（二）建立共同期望

每一个前来接受督导的人，都会经历从迷茫到建立明确目标的过程，因此，组织督导的首要任务是建立明确的目标，达到双方相互认可的期望值。

1. 建立信心

明确的期望，对于建立积极的督导关系非常关键。督导对象在进入督导关系时，他们并不清楚自己的目标和期望，或者督导将如何进行。但是，督导对象有权了解其将与怎样的一名督导师一起工作，他对督导对象的理论取向、学习风格和发展，需要有适当的信心。

2. 清晰过程

由于督导师的工作态度和习惯等，有可能影响督导过程，督导对象需要被告知督导师的管理风格，包括督导会谈、全部案例、录音和录像的回顾，有时还包括现场督导。督导对象被期望在一个能保证保密性的职业环境下和督导师面对面会谈。

3. 积极反馈

在督导发展的初始阶段，督导对象会定期地收到被督导内容的书面反馈或个体能力评价，在发展的中级和高级阶段，督导对象可以要求得到个体成长指导或职业发展反馈。如果督导师意识到督导对象存在可能会妨碍其未来职业发展的重大缺欠，应及时采取补救措施，反馈关于职业限制的专业意见。

（三）建立积极感受

积极感受是督导双方防止关系破裂的重要途径。从业者的职业倦怠不仅与专业能力有关，还与不良的人际感受有关。

1. 积极管理

预防和减轻职业倦怠是一个督导管理上的挑战。专制或放任的督导管理会加重职业倦怠，而且这种倦怠更可能是组织管理上的，而不是心理上的。当督导的管理任务被看作完全不同于服务实施时，这种错误就会导致工作压力。因此，督导者应当学会积极管理方法与技术，不断提升督导对象的热情与愿望满意度，增强职业胜任的良好感觉。

2. 积极关注

随意的督导会分散督导师的注意力。缺乏有用的反馈以及没有帮助的评价环节，这些都降低了督导成功的可能性。强调积极关注遵循三个非常简单的原则：真诚、共情、无条件积极关注。真诚原则意思是我所说的和我所想的是一致的；我所想的和我所体验的是一致的。共情原则就是设身处地地站在对方的角度上，感人所感，想人所想，深深地理解和接纳对方的感受。无条件积极关注，基本等同于"无条件的爱"。一种关系，到底是滋养性的，还是损耗性的，衡量标准就是在这种关系中，有多少无条件积极关注，又有多少有条件关注。督导要远离损耗性的关系，而亲近滋养性的关系，还可以去创造滋养性的关系，减少关系中损耗的部分。

3. 积极回应

有相当数量的督导对象，因为实际督导体验与原先期待的不一样，而导致消极感受。当督导对象无意识地感觉不好，又被他们的督导师忽略时，他们会对督导感到不满。这表明督导必须是反应性的，要经过很好的组织意见反馈，全面考虑督导对象的各种有意识的意见表达、无意识肢体反应，要有及时问询性交流，做出恰当和认真的反馈，不至于影响到工作联盟质量。

二、制订管理计划

督导是心理服务传递中一个完整的、相当耗时的工作。严肃对待督导计划并使其正确实施，需要得到组织机构的支持。

在第一次进入督导场所，接待督导对象之前，必须根据所在机构与督导任务，预先搭建一个整体督导框架。

（一）机构分类

督导主要在教育机构和实践机构两种环境中开展。这两种环境区别在于：一个是围绕教育进行组织；另一个是围绕服务的实施进行组织。

1. 教育机构

（1）主要目标：训练学生在一定的深度和广度上掌握专业技能；

（2）理想督导：与督导师建立密切、合作的学习关系；

（3）双方动机：教师，训练新的专业人员；学生，学习新的技能；

（4）管理要求：督导师进行有效的教学；学生应用专业技能服务好服务对象人群；

（5）平衡方向：督导对象付出较少的服务时间，得到较多的报酬。

2.实践机构

（1）主要目标：向目标人群提供保质保量的服务；

（2）理想督导：保证工作的数量和质量；

（3）双方动机：高级专业人员，保证初级专业人员所提供服务的质量和数量；初级（兼职）专业人员，服务于某一目标人群；

（4）管理要求：受过最好训练且有经验的督导对象向服务对象提供服务；

（5）平衡方向：督导对象付出较多的服务时间，得到较少的报酬。

（二）督导协议

督导协议通常不仅起到帮助督导对象尽快适应督导过程的作用，也是保证知情同意的一种方式。督导师与督导对象双方共同制订督导协议，以确保督导中的多样性需要得到满足。

督导协议应包括以下方面：

（1）目的及目标。这个范畴包括督导的明显目的，即保障服务对象的利益，同时要促进督导对象的发展。把这个目的用书面形式写下来对督导师和督导对象来说都是一项重要的仪式。另外，更直接的目标，如完成训练课程的要求也需要列出来。本范畴的内容还应包括为了达到督导对象的专业目标所需的服务对象类型。

（2）服务背景。协议必须包括督导的时间和地点、将使用的监控方法和采用的督导形式。

（3）评价方法。包括形成性和总结性评价的方法和日程安排，将被用于评价的工具也应同时提供给督导对象。

（4）督导师和督导对象的义务和责任。在这部分，为了使督导顺利进行，双方都应列出他们必须遵守的行为规范。对于督导师可能包括对督导对象提出挑战，促使他们思考不同的治疗方法；对于督导对象可能包括在每一次督导会谈时提交一个预先准备好的关于自己应用某一特定技术的录像文件。

（5）程序性事项。协议的某一部分还必须涉及诸如应急方案程序和机构所要求的文件记录格式。研究者建议，协议应包括当督导双方认为督导中的冲突无法得到解决时可以采取的后续措施。

（6）督导师的实践能力。学者还建议将督导师的工作经历和资质都列出来，以便"督导师自己和督导对象明确督导师的专业胜任能力"。

（三）权利宣言

尽管督导协议确立了督导对象和督导师双方的任务和责任，但是专业文献中出现的有关督导对象权利宣言的文件明显地将督导对象放到了协议关系的中心位置。这样的文件虽然包括了督导对象的责任，但它们主要强调督导对象作为高质量督导接受者的权利。

督导对象权利宣言包括以下 5 个条件：

（1）督导师要持续地、按照固定的时间间隔进行督导；

（2）督导应以发展为导向，并且尊重个人隐私；

（3）督导技术要可靠并有理论依据；

（4）评价应按照预先确定好的标准进行，并且要基于对表现的实际观察进行评价；

（5）督导师要具备足够的实践技能，并在督导实践方面受过适当的训练。

（四）过程管理

1. 时间管理

督导师的一个至关重要的技能是时间管理。这个技能对于那些同时在多个角色之间跳跃转换的督导对象而言，也需要进行练习和模仿。也许最核心的时间管理技能是设置任务优先级，并依据优先级而加以区别对待。事实上，当一个人结束一天的工作时，绝对没有留下任何一点工作到第二天去做是不可能的。相反，善于管理时间的督导师们会及时处理最重要的事务，并学会在完成不紧急的任务过程中调整自己的节奏。对于某些督导师而言，控制自己的工作日程似乎是一种与生俱来的能力；而对另一些督导师而言，这却是一场持续的斗争，需要严谨的时间管理策略来弥补。

2. 督导记录

在充满诉讼的时代，记录的保存对于助人职业的各专业领域人员来说已成为非常重要的一件事情。

督导记录应包含8个要素：

（1）督导协议，如果已使用或机构有要求；

（2）关于督导对象经历、训练和学习需要的一个简要说明；

（3）所有表现评价表的汇总；

（4）对每次督导会谈的记录；

（5）取消或没赴约的会谈记录；

（6）讨论的案例和重要决定；

（7）在督导中遇到的重要问题及解决方法，或是否还没解决，为什么；

（8）相应的知情同意书（服务对象和督导对象需要了解的督导相关信息）。

3. 应对意外情况

对于受训者来说，面对服务对象出现的紧急情况，如需要住院，但不知如何处理当前的情况，即使不引起恐惧，也会让受训者感到十分沮丧。虽然督导师从来都没打算让督导对象独立处理突发事件，但意外情况总会发生，因此相应的应急程序应以书面的形式记录下来，并放置在一个方便的地方，当突发事件发生时可以作为参照。对于已经完全数字化管理的训练项目或机构，这类信息也应保证随时可以获取。

第二节　组织评价

"评价"为何如此重要？因为这是督导师工作中最直接、最常用、最有力的武器。

社会心理督导师始终牢记，督导是一种不平等的人际关系。即使社会心理督导师对社会心理指导师作出再多的共情，也无法改变彼此之间不平等的关系。督导师对督导对象的评价会产生直接的影响，积极的影响可以指明新入门者一生职业化正确方向和道路。消极的负面评价意见有可能引发焦虑，而这种焦虑会阻碍督导关系的建立，会影响督导过程的顺利开展。督导师需要对这种权力差异足够敏感，然后去调整督导过程中自身的行为，从而建立一种兼具评价性与支持性的工作关系。

一、评价要求

（一）增加信息的透明度，有助于营造积极的评价环境

增加信息的透明度有助于建立社会心理督导师和社会心理指导师之间稳定的信任关系。社会心理督导师需要就自己的指导角色和管理功能向社会心理指导师进行清晰的陈述，同时需要明确告知社会心理指导师，谁有权知晓社会心理督导师提供给社会心理指导师的反馈信息？社会心理督导师是否能决定社会心理指导师在某一门课程上是否合格，或者在某一个工作岗位上是否胜任？以及这些反馈信息在社会心理指导师的培养体系和评价体系中占据多大比重，处于什么样的位置？这些反馈信息对于社会心理指导师的个人成长和职业发展可能会产生怎样的影响？等等。

（二）公开讨论督导对象的焦虑

督导过程中，社会心理指导师往往会觉得自己的缺点暴露无遗，甚至暴露在众目睽睽之下，尤其是缺乏被督导经验的社会心理指导师，或者在督导的最初阶段，这种感觉会尤其强烈。在这种情况下，虽然社会心理督导师并不希望社会心理指导师出现防御反应，但是这种防御反应依然会自然而然地出现。当然，也有一些社会心理指导师会出现建设性的应对方式，面对自己的焦虑心理时进行更深层次的自我挖掘，努力与社会心理督导师的节奏保持一致。也有一些人会揣摩社会心理督导师的意图（投射）来进行自我防御，或者表现出脆弱的无助状态。实际上，所有的督导对象，包括社会心理指导师在内，都有脆弱的一面，社会心理督导师应该认识到这个事实，接纳和包容这一点，而不是抓住脆弱的一面去攻击他们。

针对这一点，很好的一种做法是社会心理督导师在督导开始时就告诉社会心理指导师，如何接受这种矫正性的反馈意见。社会心理督导师需要帮助社会心理指导师理解，自己对这些反馈的消极防御源自哪里？这些消极防御方式在过去是如何发挥作用的？他们在当下怎样才能更好地处理这些消极的防御方式？尤其引导社会心理指导师花时间反思自己在早期经历中与权威人物的关系会很有帮助，有助于督导对象理解自身的防御反应，并在这些防御

反应出现时加以处理，从而让自己有足够的能力对社会心理督导师的矫正性反馈做出理性的回应。

二、评价方式

（一）公开讨论督导对象的个体差异

社会心理指导师个体差异巨大，评价过程会受到督导对象文化背景、性别、种族等多方面差异的影响，尤其是在社会心理督导师和社会心理指导师最初都没有意识到这些因素会对督导过程产生影响时，对这一因素保持足够的觉察显得尤其重要。

此外，注意到个体差异和文化差异本身也是社会心理督导师和社会心理指导师胜任特征的重要组成部分，深入讨论这些因素会对督导过程的把控起到保驾护航的作用。

（二）持续评价督导对象的表现，并邀请其参与制定督导意见

在某一次督导过程的开始、中间和结束阶段，或者连续督导过程的不同阶段，持续评价督导对象的表现，能够维护其"被看到"的感受，同时帮助督导对象看到自身的进步，这将有助于督导对象得到清晰的反馈意见，提升其自尊心。

除了基本的胜任特征，作为督导对象的社会心理指导师应该主动参与决定，提出自己还需要补充哪些方面的知识、技能和态度。如果督导对象坚信自己的意见也是督导过程的有机组成部分，那么他将更愿意接受督导。

三、评价方法

（一）评价过程和评价结果，要得到管理部门的支持与保障

不管是在教育环境还是在工作环境中，社会心理督导师必须认识到他们进行的评价是很严肃的。如果一名社会心理督导师冒着很大的风险做出了负性的评价，却被管理机构否决的话，那是非常令人沮丧和受伤害的事情。之所以出现这样的结果，往往是因为以下两种情况：第一，没有遵循正确的操

作程序；第二，社会心理督导师事先没有获得管理机构的明确支持。

社会心理督导师有可能想当然地认为，自己无须与管理者确认就能获得支持，或者社会心理督导师缺乏政治敏锐性，不懂得事前请示事后汇报，没有征得管理者的同意等。如果在评价过程中被督导的社会心理指导师的权利没有得到保护，或者看上去似乎没有得到保护，那么社会心理督导师的评价是否正确就会存在争议。无论是在社会心理指导师眼里还是在社会心理督导师眼里，评价体系都应该值得信任，这一点非常重要。如果评价体系比较片面或武断，而且反复无常，那么接受督导的社会心理指导师就会选择少冒风险，他们在与社会心理督导师的交流过程就会保持较重的防御心理。

社会心理督导师和社会心理指导师都应该获悉管理机构的信息，当接受督导的社会心理指导师认为社会心理督导师的评价不公平或者不全面时，他们有地方可以投诉或者申诉。如果督导过程中有任何一方感到被欺骗，那么督导目标都将难以达到。

（二）尽量避免对督导对象做出不成熟的评价

无论社会心理督导师是对一个人还是几个人做出评价，都应该注意避免对那些表现出超常潜力的督导对象或者看上去表现不好的督导对象做出过激的反应。这并不是说社会心理督导师应该保留反馈意见，或者说可以违背诚信的原则。我们认为，社会心理督导师如果反应过快，往往容易给这两类人带来伤害。

在团体督导中，如果社会心理督导师一开始就对督导对象进行区别对待，就容易削弱士气。相反，当社会心理督导师要求整个小组必须确保每个成员都获得良好的绩效时，就容易营造出充满活力、相互支持、积极竞争的团体氛围。

（三）邀请督导对象参与督导者的专业发展并从中受益

对社会心理督导师来说，要想实现这个目标，最好的方法就是邀请督导对象对自己进行反馈，并且很好地利用这种反馈。当督导对象感觉自己能够对社会心理督导师提供有一定价值的帮助时，会感受到自己的力量在增强。另外，社会心理督导师参与继续教育活动，并且与督导对象一起分享继续教育的过程，可以为督导对象树立一个终身专业发展的学习榜样。

对社会心理督导师来说，将他们最近获得的新知识展示出来，远比扮演一个无所不知的大师更能准确呈现社会心理指导的面貌。

（四）社会心理督导师密切关注督导关系，它对督导具有全方位的影响

社会心理督导师和社会心理指导师的督导关系太密切或者太疏远，都将让评价变得非常困难。实际工作中，评价的职能促使社会心理督导师和社会心理指导师建立一种积极的、支持性的专业关系，而非个人关系。如果这种专业关系由于任何原因变得紧张，都需要社会心理督导师发问自己，是否还能够做出足够客观的评价。在这种情况下，社会心理指导师在呈现案例信息时往往有所保留，社会心理督导师也很难对社会心理指导师的优势和不足做出准确评价。

（五）社会心理督导师注意觉察自身意愿，需要乐于从事督导工作

即使社会心理督导师非常喜欢接受这样一项具有挑战性的工作，评价过程也非常困难，如果社会心理督导师的内在动机不那么强烈，评价可能就会成为巨大的负担。在这种情况下，社会心理督导师就有可能在与督导对象一起工作时偷工减料，给他们一个模棱两可、含糊其词的评价结果，甚至回避评价责任。尤其在评价结果有可能会对督导对象造成不利影响时，这种趋势会更加明显。毕竟社会心理督导师总能找到很多堂而皇之的理由作为借口，与督导对象保持一定的心理距离。

四、评价准则

社会心理督导评估要秉持专业性、公正性、客观性三项原则。

（一）专业性

（1）严格执行统一的评估标准和督导评估制度；

（2）评估标准制定和评估过程中考察其工作表现是否维护了行业的专业形象和声誉；

（3）督导评估应持续而系统地加以考察，同时督导评估必须在建立良好专业关系的情况下进行。

（二）公正性

（1）督导评估过程对待督导对象要一视同仁，充分考虑评估结果的一致性和公正性，以帮助督导对象建立平等互信的理念和能力；

（2）在进行评估时，对于有相似的教育水平和经验的受评估者应采用同等方式和标准；

（3）督导评估标准应用于具有相似教育背景和经历的受评估者所应有的表现，而对于受评估者也要根据工作经历的不同有所区别。

（三）客观性

（1）对待督导对象、机构、服务对象等不同利益立场分歧，秉持独立性伦理原则，以事实和评估标准为依据；摒弃主观偏见，遵循全面性、系统性和整合性原则；

（2）督导评估应以有利于保护服务对象为原则来判断受评估者行为的恰当性及其价值；

（3）督导评估要聚焦于受评估者的工作表现，而非评价这个人。评估是激励改变的方式之一，评估既考察过去，也展望受评估者未来可发展、可改进之处，关注其发展的潜能；

（4）督导评估应充分考虑督导对象的成长阶段，平衡机构与督导对象的需求和目标。

第三节　评价过程

评价的过程从选择评价标准开始，以某种形式的总结性评价结束。过程就是督导师如何在上述这两个标志性任务中间开展督导工作。评价的过程并不是跟督导过程分离开的，而是贯穿于督导过程当中。评价过程也包括督导师在评估中用来收集数据的工具。

评价的过程一般包括 7 个元素，大部分元素在督导过程中是相互作用的。

一、协商督导－评价协议

在社会心理服务体系框架结构下，督导－评价协议既可以由政府机构或者社会组织出面统一协调，也可以由社会心理指导师和社会心理督导师协商决定。

政府机构或者社会组织统一协调的督导通常会选择团体督导的形式进行，社会心理指导师和社会心理督导师协商决定的督导通常会选择个体督导的形式进行。

团体督导协议参考模板格式如下：

团体督导协议（参考模板）

社会心理服务工作的督导是帮助督导对象（社会心理服务工作者）发展胜任力的经验性学习过程中必不可少的环节，是一种专业人员间的学习方法，为使督导者和督导对象更好地利用督导工作关系，特作以下基本约定。

1. 督导双方及参加团体督导的成员均为完全行为能力人，本协议不针对无行为能力人。

2. 督导对象及参加督导的团体成员接受督导者为督导师，督导师将以帮助督导对象反思性实践和专业发展、保障和提升其专业能力以及理论实践为目的，为督导对象提供督导。团体成员认可该基本目的。

3. 督导师的职责：

（1）介绍自己（包括资格认证、学术背景、督导和咨询经验及督导风格）；

（2）向督导对象明确督导师的作用：督导提供有关咨询、督导、学习以及一般生活的知识与经验；

（3）明确督导师的角色：导师、顾问、评估者，也是专业群体的守门人；

（4）明确告知督导对象在督导过程中需要遵守的规范和所需的准备工作。

4. 督导对象的职责：

（1）如实介绍自己并描述自己的学术背景、经验和带组实践情况；

（2）撰写案例报告，至少提前24小时发给督导师；

（3）在督导过程中对服务对象的相关信息进行必要的保密处理（如隐去个人身份信息等），简要描述咨询过程中的互动状况和自己的反移情体验；

（4）简要讨论希望在督导会谈中涉及的信息，以及希望在督导中提高的咨询技能和想达到的具体目标。

5. 设置：

（1）时间：每周一次，每次_____分钟。如遇假期，双方可按照实际情况商讨确定督导的时间、频率和收费，并确保双方知晓；

（2）形式：小组督导，视频软件，每次督导会议须保证在私密空间（没有其他人在场），参加者全程开启视频摄像头，穿正装，保持独立空间和本人在场，发言时开麦克风，不发言关闭麦克风。如临时有急事请向督导师说明并离开视频会议；

（3）参加团体督导的成员应遵守共同约定的督导时间，不迟到，不早退，特殊情况提前向组长请假；

（4）团体成员在督导过程中积极参与，保持语言文明，彼此尊重团体成员的观点，不故意伤害别人等；

（5）收费：督导按次收费，标准为人民币_____元／次或公益。提前24小时付款。

6. 关于保密性：参加督导团体成员都应负有保密的责任和义务，承担相应的伦理责任和法律责任。对于督导过程及督导中涉及的服务对象个人、督导对象隐私及相关资料，团体成员承诺绝对严格保密，如果双方需要在专业范围内提及该督导案例，需经过服务对象、督导师／督导对象书面同意，对个人隐私做严格处理后，方可使用。

团体成员不得对外传播被督导案例、督导过程以及各种相关信息，共同遵守保密承诺（包括不录音、不录像、不截图、不拍照、不对外传播被督导案例、督导过程等各种相关信息，不在微信群、QQ群等公共平台讨论案例及督导信息），不得将标有参与督导的二维码、ID账号和密码作为宣传广告对外传播，否则对由此导致的泄密等问题需承担相应的伦理责任。

7. 预约及更改时间：

（1）更改预约：如在督导前督导对象需要取消预约或更改时间，需至少提前24小时通知督导师。如果督导师需要更改预约时间，也需至少提前24小时通知督导对象；否则督导师将为督导对象增加一次免费的督导；

（2）关于迟到：如果督导对象迟到，督导计时仍然会在约定的结束时间停止，且须按照约定时间支付督导费用。如果督导师迟到，将会为督导对象补足督导时间，或退还迟到时间段所对应的督导费。

8.督导终止：督导师和督导对象在督导过程中，均有权利单方面提出终止督导，双方协商决定。

9.本协议一式两份，具有同等法律效力，督导者和督导对象签字后生效。督导对象退出督导后，协议终止。

10.对协议、方案所涉及的任何有关以上内容调整，均应在双方认可的情况下，通过电子邮件或者其他文字方式确认，方产生效力。

督导师：   日期：

督导对象：   日期：

个体督导协议参考模板格式如下：

个体督导协议（参考模板）

社会心理服务工作的督导是帮助督导对象（社会心理服务工作者）发展胜任力的经验性学习过程中必不可少的环节，是一种专业人员间的学习方法，为使督导者和督导对象更好地利用督导工作关系，特作以下基本约定。

1.督导双方均为完全行为能力人，本协议不针对无行为能力人。

2.督导对象接受督导者为督导师，督导师将以帮助督导对象反思性实践和专业发展、保障和提升其专业能力以及理论实践为目的，为督导对象提供督导。双方认可该基本目的。

3.督导师的职责：

（1）介绍自己（包括资格认证、学术背景、督导和咨询经验及督导风格）；

（2）向督导对象明确督导师的作用：督导提供有关咨询、督导、学习以及一般生活的知识与经验；

（3）明确督导师的角色：导师、顾问、评估者，也是专业群体的守门人；

（4）明确告知督导对象在督导过程中需要遵守的规范和所需的准备工作。

4.督导对象的职责：

（1）如实介绍自己并描述自己的学术背景、经验和带组实践情况；

（2）撰写案例报告，至少提前 24 小时发给督导师；

（3）在督导过程中对服务对象的相关信息进行必要的保密处理（如隐去个人身份信息等），简要描述咨询过程中的互动状况和自己的反移情体验；

（4）简要讨论希望在督导会谈中涉及的信息，以及希望在督导中提高的咨询技能及想达到的具体目标。

5. 设置：

（1）时间：每周一次，每次_____分钟。如遇假期，双方可按照实际情况商讨确定督导的时间、频率和收费，并确保双方知晓。

（2）形式：小组督导，视频软件，每次督导会议须保证在私密空间（没有其他人在场），参加者全程开启视频摄像头，保持独立空间和本人在场，发言时开麦克风，不发言关闭麦克风。如临时有急事请向督导师说明并离开视频会议。

（3）收费：督导按次收费，标准为人民币_____元 / 次或公益。提前 24 小时付款。

6. 关于保密性：对于督导过程及督导中涉及的服务对象个人、督导对象隐私及相关资料，双方承诺绝对严格保密，如果双方需要在专业范围内提及该督导案例，需经过服务对象、督导师 / 督导对象书面同意，对个人隐私做严格处理后，方可使用。

7. 预约及更改时间：

（1）更改预约：如在督导前督导对象需要取消预约或更改时间，需至少提前 24 小时通知督导师，否则本次督导费用将被扣除。如果督导师需要更改预约时间，也需至少提前 24 小时通知督导对象；否则督导师将为督导对象增加一次免费的督导。

（2）关于迟到：如果督导对象迟到，督导计时仍然会在约定的结束时间停止，且须按照约定时间支付督导费用。如果督导师迟到，将会为督导对象补足督导时间，或退还迟到时间段所对应的督导费。

8. 督导终止：督导师和督导对象在督导过程中，均有权利单方面提出终止督导，双方协商决定。

9. 本协议一式两份，具有同等法律效力，督导者和督导对象签字后生效。督导对象退出督导后，协议终止。

10. 对协议、方案所涉及的任何有关以上内容调整，均应在双方认可的情况下，通过电子邮件或者其他文字方式确认，方产生效力。

督导对象：　　　　　　　　　　　　　日期：
督导师：　　　　　　　　　　　　　　日期：

二、选择督导的实施方法

督导形式多种多样，例如个体督导、团体督导、现场督导等；实施方法多种多样，包括自我报告、过程记录、现场观察、录音录像等，每种督导形式和督导方法有其不同的适用范围和功能利弊，都是反映社会心理指导师工作过程的一个视角。社会心理督导师也需要提供更广阔的视角，不断丰富社会心理指导师自我观察的视角，更换崭新的角度看待原有的问题。为了更加准确地反映督导对象——社会心理指导师的能力和优缺点，社会心理督导师可以考虑综合运用多种方法。

三、沟通形成性反馈信息

给出反馈意见是社会心理评价的核心内容，贯穿于督导过程中的反馈应该参考比对已经确立的评价标准，其出发点在于协助社会心理指导师在督导结束时能够获得积极的总结性评价。

反馈信息有可能是针对社会心理指导师在案例报告中提出的需要督导的3个问题，也有可能是针对社会心理督导师在督导沟通过程中发现的社会心理指导师的能力不足。高质量的反馈信息通常需要解答如下3个方面的问题。

（1）我要去哪里，或者说我的目标是什么？

（2）我的进展如何，或者说我取得了哪些朝向目标的进步？

（3）下一步我要去哪里？

任何反馈，如果缺乏上述目的性，都不利于作为督导对象的社会心理指导师的成长与发展，甚至会对其造成伤害。

四、选择评价工具

评价工具既可以用于形成性评价也可以用于总结性评价，评价工具既可以是李克特等级式的评价方法，也可以是短文式的评价方法。

李克特等级式的评价方法例如：

使用下列五级评分量表对督导对象在督导协议中描述的胜任力进行评价：

等级1：该技能/技能体系的表现不理想。需要进行密切的督导。未表现出运用该项技能/技能体系所必须掌握的能力。

等级2：仅能在非常基础的水平上表现出该技能/技能体系。需要密切的督导，几乎不能将该技能/技能体系与其他能力进行整合。

等级3：能正确表现出该技能/技能体系，尽管只有部分的自我觉察。开始将该技能/技能体系与其他能力进行整合。仍然需要持续的督导。

等级4：能够胜任该技能/技能体系的运用。使用该技能/技能体系时感到自信并能与其他技能整合起来，以更复杂的方法进行咨询。在运用该技能/技能体系需要进行督导时，有能力自己表达出来。

等级5：熟练掌握该技能/技能体系。不再需要接受该技能方面的督导，在适当的情况下会寻求督导帮助。

短文式的评价方法例如：

关于评估胜任力的短文

短文1：督导对象×××通常无法有效地收集敏感的复杂的信息，并且总是不能维持结构化的模式。他们经常会任由服务对象讲得过多而不加指导或抑制，或采用质问的方式进行提问。他们通常不能将收集到的信息整合起来形成假设、诊断及个案概念化。他们觉察不到需要在评估中考虑社会文化因素，也常常不能识别有关的重大文献因素。

短文2：督导对象×××在评估性面谈中具备收集和管理敏感与复杂信息的初步技能。督导对象对部分服务对象能表现出控制会谈并维持结构化形式的能力。他们可以遵循一系列固定的预先准备的问题。督导对象对部分（不是全部）案例的诊断及鉴别诊断能作出正确的判断，即使对一些常见的案例也需要在督导的协助下才能完成个案概念化。他们在评估中综合考虑社会文化因素还不熟练，不能独立完成适当的风险评估和／或设计风险管理计划。

短文3：督导对象×××有能力完成一定范围内的服务对象表现的全面评估。他们能够收集并理解服务对象的关键信息并对问题进行概念化。在比较复杂的个案或者具有挑战性的问题表现中，有效收集足够广度或深度的信息通常会遇到困难，这限制了他们有效作出不同等级诊断与鉴别诊断的能力。他们已经熟练掌握了风险评估的关键标准，但在人际访谈技能方面，文化敏感性还需要进一步提升。

短文4：督导对象×××在简单的和不常见的疑难案例中都能有效收集敏感和复杂信息，并能最大限度利用与服务对象的有限面谈时间。他们能够将所有信息进行整合并作出假设、诊断以及个案概念化。他们能够在评估中充分考虑社会文化因素的作用。他们能够稳定识别出风险因素，并制订相应的风险评估和风险管理计划。

和一般的概括性的评价结果相比，作为督导对象的社会心理指导师往往更关注自己在胜任特征范畴上的表现情况，包括人际关系胜任力、评估、个案概念化、干预胜任力、心理测验胜任力、理论实操能力、伦理规范、专业素质、反思性、对督导的反应等10个方面。对这些方面的反馈将更有助于社会心理指导师的个人成长和职业发展。

评价过程中用得到更加细致更加专业的工具，其中包括记录督导过程的心理督导过程记录表、督导师对自身水平进行评价的督导师胜任力自我评估表、督导对象对督导师进行评价的心理督导满意度调查问卷，也包括对督导联盟形成的团体（网络）督导承诺书、团体督导效果量表、督导关系评价量表、督导工作联盟问卷，同时，还包括在多元文化督导方面的问卷督导风格调查表、督导师自我效能量表、督导者的自我评估等。

五、收集服务对象的反馈信息

社会心理督导师在评价过程中，还可以收集服务对象方面能够提供的信息，或者服务对象持续咨询次数、咨询效果等数据，从而为自己对社会心理指导师做出形成性评价和总结性评价提供参考。

收集服务对象反馈信息的评价工具越来越多，其有效性也进一步得到证实。研究表明，使用评价工具来监控服务对象进步的督导对象，和服务对象之间的谈话内容更朝向咨询目标，谈话结果更富有成效。

六、鼓励督导对象进行自我评价

在其职业发展过程中，社会心理指导师既要成为一个准确的评价他人者，也要成为一个准确的自我评价者。被督导的社会心理指导师对自己的能力评价通常要么过高要么过低，这两种情况都会对其自我发展和服务对象利益带来消极影响。在职业发展的不同阶段持续地进行自我评价，是社会心理指导师从成长到成熟、从新手到专家、从普通到卓越的一项非常重要的技能。

社会心理指导师的自我评价通常需要遵循如下原则：

（1）把社会心理指导师的自我评价作为其一种需要发展的重要技能，它是逐渐接近目标的连续发展过程，不可以用非黑即白、非对即错的两分法观点进行判断；

（2）社会心理督导师应该和社会心理指导师进行分享，自己是如何对其进行评价的。建议社会心理督导师从积极角度对社会心理指导师的知识、技能等做出评价，并对评价的过程进行明确的解释；

（3）社会心理督导师应该向社会心理指导师提供示范，自己是如何对自己的工作进行自我反思的。自我反思和自我评估通常同步进行，两者都可以使社会心理督导师和社会心理指导师获得新的收获。

七、进行正式的总结性评价

在一个典型的督导关系中，通常都有总结性评价，甚至有的机构进行两次总结性评价：中段的总结性评价和末段的总结性评价。对照初级社会心理指导师和中级社会心理指导师的评价标准，社会心理督导师需要从基础知识、基础技术、指导策略、工作范畴、岗位道德、伦理守则等方面对社会心理指导师的胜任特征做出总结性评价。

第六章
个体督导

个体督导是社会心理指导师专业发展的基石。在接受专业训练的过程中，大多数督导对象要接受某种形式的团体督导，有人有机会参与现场督导，几乎所有的督导对象都会体验个体督导。本章内容主要介绍了常用的个体督导的方式方法和新近兴起的一些督导策略。

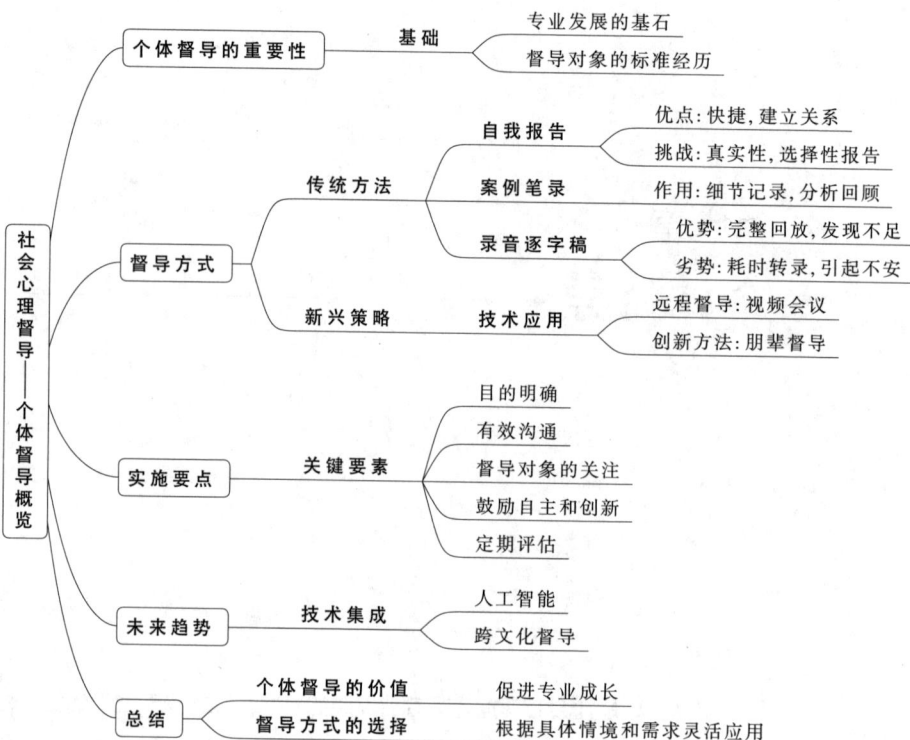

第一节　个体督导方式

随着科技进步和时代发展，个体督导的方式方法也在不断翻新，很难把所有的个体督导方式方法一一介绍。

一、自我报告

自我报告被认为是最简单的一种督导方式方法，也是使用频率最高的一种。社会心理指导师将自己在社会心理指导过程中所遇到的服务对象信息以及自己的所思所想等进行口头报告，社会心理督导师对这些信息加以分析，进而为社会心理指导师提供反馈意见。

自我报告的督导方式方便快捷，省时省力，运用得当的话，自我报告可以在社会心理指导师和社会心理督导师之间建立一种很强的关系纽带，对社会心理指导师和服务对象之间的工作关系，以及督导师和督导对象之间的联盟关系，作出精准的把握和精细的调整。

但是，要想用好自我报告的督导方法并不容易，因为这种方法无论对于社会心理指导师还是社会心理督导师来讲，都存在很多方面的挑战。

对于社会心理指导师来讲，第一，他们仅凭回忆会丧失掉很多有用的服务对象信息，无论是工作主题，还是支持性信息，都有可能存在不同程度的信息损耗；第二，他们可能会歪曲信息，对工作过程中存在的事实，根据自己的理解进行主观解释，从而失之偏颇；第三，他们可能会进行选择性报告，有意无意地掩盖掉自己在工作关系中存在的核心问题，而抛出一些无关痛痒的边缘话题。

对于社会心理督导师来讲，第一，需要敏锐地把握社会心理指导师的个案概念化能力，并通过询问收集更多的信息，从而帮助其提高个案概念化能力；第二，需要敏锐地区分服务对象的客观事实和督导对象的主观观察，并帮助督导对象区分两者；第三，需要在个案服务和督导对象之间，表现出明显的督导差异，从而避免个体督导沦为个案管理。

综上，对于新手社会心理督导师来讲，自我报告的督导方式应该慎用，尤其要注意不要将自我报告作为唯一的督导方式。

二、案例笔录

案例笔录是指督导对象在个案服务过程中所做的书面记录。案例笔录内容包括个案服务内容、督导对象与服务对象的互动过程、督导对象对服务对象的感受、采取的干预方法及其理论指引等。

案例笔录涉及的范围很广，因此也需要花费很多时间。除了将案例笔录作为被督导常规要求，社会心理督导师很难要求社会心理指导师对每一次会谈都进行详细的案例笔录。但是也有例外，如果社会心理督导师认为督导对象能够从案例笔录中受益，那么这种努力就是值得的。如果社会心理指导师本身也有很强的进步愿望，那么案例笔录的贯彻执行就变得不再是压力而成为动力。

案例记录则是督导过程的常规做法。案例记录是指对督导对象在专业、管理、法律方面的记录，应该涵盖每次工作过程中的所有重要信息，包括所采用的干预方法。换句话说，我们可以将案例记录作为督导过程的一部分。案例记录除了包含一些明确的标准格式，社会心理督导师还可以对社会心理指导师提出要求，请其针对一些和督导目标有关的具体问题进行自我反思。

案例记录应该和其他督导方式结合使用，下列督导过程中协助督导对象进行案例讨论时，经常使用的一些引导语。A类引导语适用于初次会谈的督导讨论，B类引导语适用于后续会谈的督导讨论。

（1）说明此次个案服务的特点。

A.简要描述服务对象所提出的问题。

B.你这次个案服务所要达到的目标是什么？

（2）说明与当前问题有关的一些信息。

A.说明在个案服务中所了解到的其他重要信息，包括背景信息。

B.简要总结个案服务中讨论的关键问题。

（3）说明你基于某个模型与当前问题有关的一些信息。

A.你对服务对象问题初步的个案概念化是什么？

B.解释你对当前问题的个案概念化的改变。

（4）数据评估的结果如何？

A. 在可能的范围内，描述你对该服务对象的初步个案服务计划。

B. 解释你对该服务对象个案服务计划的改变。

（5）在计划的基础上，你确定的下一次个案服务目标是什么？

A. 本次个案服务在多大程度上实现了你的目标？

B. 你觉得这个服务存在任何伦理方面的问题吗？需要进行风险评估吗？

（6）总结督导结果。

A. 请分享你在个案服务中的个人感受。

B. 你对社会心理督导师还有什么特别想问的问题？

三、录音逐字稿

有些督导师会要求督导对象将录音转录成文字，称之为逐字稿，以此作为督导的基础。这种方法的使用情况因国家而异，在美国偶尔使用，在韩国普遍使用，在中国的使用情况则介于两者之间。

录音逐字稿督导方式的优势在于：

（1）它可以帮助督导对象对工作过程进行一次完整的回放；

（2）因为录音逐字稿的内容非常详细，所以可以让督导对象更容易发现自己在会谈过程中存在的需要改进的具体地方，并对自己的工作进行反思。

录音逐字稿督导方式的劣势在于：

（1）转录逐字稿会耗费督导对象大量时间；

（2）由于转录成文字，督导过程会丧失很多语音、语调、语速等言语线索和姿态、表情等非言语线索；

（3）和其他督导方式相比，更容易暴露出督导对象存在的问题，从而引发其不安情绪；

（4）督导过程过于关注会谈的内容，而忽略了整体的把握。

基于上述理由，这种方法的使用情况因社会心理指导师的成长阶段而异，面对新手社会心理指导师可以多使用这种方式，而对熟手社会心理指导师则可以降低其使用频率，或者间歇性使用，例如针对某次特定的会谈，或者简化使用，例如针对某次会谈特定的几分钟。

四、现场观察

现场观察是在个案服务中观察督导对象的一种方法，在实际工作中需要加以区分。但是，在整个过程中并不与督导对象发生互动，除非发生紧急情况。

现场督导是在个案服务过程中，同时结合现场观察和主动督导两种成分。督导师培养项目中通常在训练场所使用现场观察。但是，受条件的限制，实习机构中较少使用现场观察。

现场观察优点：

（1）采用现场观察，高度保障了服务对象的利益，一旦发生某种紧急情况，社会心理督导师能够立即采取干预措施；

（2）和录音录像相比，现场观察可以给社会心理督导师展示更多关于服务对象和督导对象的信息；

（3）定期进行观察的社会心理督导师，在确定督导中应该讨论哪些案例方面，拥有更多的主动性和发言权。

现场观察缺点：

（1）需要培训机构设置专门进行观察的物理场所，这对于培训机构来说需要投入更多的资金，从而构成较大的挑战；

（2）对于社会心理指导师来讲，他人在场容易给其个案服务过程带来评价压力，尤其当面对经验丰富的社会心理督导师时，经验不足或者信心不足的社会心理指导师，会面临更大的压力；

（3）对于服务对象来讲，由于他人在场，放下防御、袒露心声是个较大的挑战。

鉴于上述理由，进行社会心理督导时需要结合评价的条件进行斟酌，确定何时、何地、如何使用、在多大程度上适用现场观察。

五、录音录像

录音和录像技术进入督导的范畴后，为督导提供了真实可重复等便利条件。

录音录像督导不仅有助于社会心理督导师和督导对象观察到个案服务过

程中究竟发生了什么，也有助于识别出其他督导形式中容易忽略的人际互动过程。但是，因为在督导室播放录音录像时，个人的声音和图像全部暴露、无处躲藏，所以录音录像督导技术，最好是在督导师和督导对象之间已经建立了良好的关系之后，否则需要谨慎使用。

当社会心理督导师要求督导对象使用录音录像时，经常会遇到阻抗，他们会声称其服务对象会感到不舒服。但是研究表明，服务对象对录音录像并不存在显著反感。所以，社会心理督导师可以采取示范方法，缓解督导对象的焦虑。例如，示范自己个案服务时的录音录像资料，呈现自己曾经犯过的错误等。

录音录像设备以及具有录音录像功能的智能手机、平板电脑等，尽量采用相对先进硬件和软件，保证录音录像质量和兼容性，从而很好地实现回放功能。同时，也需要专门空间进行存储，并注意做好保存和保密工作。

在使用录音录像前，需要征得服务对象的书面同意，或者在录音录像的开始部分征得其口头同意。这个过程除了牵扯到伦理，在很多国家和地区或许还会涉及法律法规问题。社会心理督导师需要指导督导对象，如何向服务对象解释使用录音录像的作用，并要求督导对象对这个过程进行角色扮演直至能够顺利完成。督导对象需要清晰明确地解释使用录音录像的理由：

"在个案服务过程中，我会使用录音（录像），希望你能够同意。每个人都有盲点，都会犯错误。这可能发生在任何人身上，也可能发生在任何领域。要解决这个问题，我所使用的策略是从我的督导师那里获得反馈，从而帮助自己发现可以改进的不足之处。获得专家的反馈，也有助于我为你提供更好的帮助。"

为了提高录音录像督导技术的工作效率，需要对录音录像的片段进行选择，从而增加督导过程的计划性。录音录像片段的选择既可以由督导对象进行，也可以由社会心理督导师进行，通常基于如下原因：

（1）突出会谈中最有建设性的部分；

（2）突出会谈中最重要的部分；

（3）突出咨询过程中督导对象感到最艰难的部分；

（4）强调咨询内容方面的问题，包括隐喻和重复出现的主题；

（5）突出咨询过程中让人感到困惑的内容，可能是因为非言语行为和语言内容彼此矛盾；

（6）目的在于将注意力放在会谈中的某些重点议题上，例如会谈过程中的心理动力学具有明显意义，或者受到明显的限制，或者在会谈中存在明显的文化局限性等。

通常情况下，督导师会要求督导对象选择的会谈内容，应该是督导对象自己感到困惑、迷茫、无法应对或者受挫的部分，督导师会与督导对象一起回顾这部分内容，并持续往前推进。这时候，通常需要督导对象提前思考如下问题：

（1）需要说明选择这一部分作为会谈内容的理由；

（2）简要说明与所选部分相关的内容；

（3）解释在会谈的那一刻自己试图达到哪些目标；

（4）明确表达自己希望从督导师那里得到哪些具体的帮助。

第二节　个案人际互动

社会心理督导师能否营造一种全然接纳的心理氛围，直接决定了督导过程是否愉快，间接决定了督导结果是否有效。如果社会心理督导师能够创造一个良好的人际互动条件，接受督导的社会心理指导师就不会感觉到"我受到了很多批评"，而是会感觉到"我有很大的收获"。在督导过程中，社会心理督导师积极创设条件，帮助社会心理指导师产生更多的积极体验。

一、人际互动过程回顾

人际互动过程回顾是录像督导常用的方法之一，其操作过程比较简单，社会心理督导师和督导对象一起回顾预先录制好的咨询会谈过程，任何时候任何一方认为咨询会谈中发生了某些重要的事情时，尤其是督导对象或服务对象没有涉及的方面，就停止录像播放，对这部分内容进行详细讨论，如此反复，直至录像结束。

下面列举了一些针对不同督导目标的提问引导语，从中可以发现督导问题。对督导过程来说最有效的做法，是选择录像中人际互动方面比较重要的或者隐喻含义最深的部分作为讨论的重点。

督导师使用的引导语范例

（一）激发情感探索的引导语

1. 哪件事情使你对他们有什么样的感受？

2. 你记得当时你有什么样的感受吗？

3. 那时你意识到自己的任何感受了吗？

4. 那些感受对你有什么意义？

5. 那些感受对你有什么特殊的含义吗？

6. 那是你所熟悉的一种感受吗？

7. 你是怎样（决定怎样）处理你的那种感受的？

8. 你想要在某一时刻表达那种感受吗？

9. 你设想过冒险表达出那种感受吗？

（二）检查未表达内容的引导语

1. 在那个时候你打算对他们说什么？

2. 这个时候发生了什么？

3. 你当时想怎么做？

4. 在那一时刻你感到自己作为咨询师扮演了什么角色？

5. 那一情形对你意味着什么？

6. 如果有更多的时间，你当时会往哪个方向继续进行工作？

（三）鼓励认知检查的引导语

1. 那时你在想什么？

2. 那时你对对方抱有什么想法？

3. 有一些事情发生了，对吗？

4. 发生了什么事情呢？

5. 你知道你当时想要做什么吗？

6. 你幻想过要冒险吗？

7. 当时你能按照自己希望的方式表达你的想法吗？

8. 你那时是还想说点其他内容吗？

9. 你计划好下次咨询会谈应该朝哪个方向进展吗？

10. 你认为对方知道你想要什么吗？

11. 你知道你所投射的意向是哪一种吗？

12. 这就是你所要投射的意向吗？

13. 你能回忆起当时的情境对你或者你们之间的互动产生了什么影响吗？

14. 你能回忆起你认为当时的情境对另一个人产生了什么样的影响吗？

15. 咨询室设备是否在某些方面影响了你？

16.（针对录制者的反应）你希望（不希望）录制者听到哪些内容？

（四）关于意图的引导语

1. 当时你有什么幻想吗？

2. 当时你头脑中是否有图片、意象或者记忆突然闪现出来？

3. 当时你头脑中正在发生什么？

4. 这是否使你想起什么内容？

5. 你是否认为你有"似曾相识"的感觉？这种感觉对你来说是否很熟悉？

6. 那种感觉令你想起过去的某一时刻吗？

（五）探索服务对象与咨询师之间相互感知的引导语

1. 你认为他们对你感觉如何？

2. 你认为在当时他们怎样看待你？

3. 你认为他们意识到你的感受和想法了吗？

4. 你认为他们试图传递给你什么信息？

5. 你是否感觉到当时他们对你有些期待？

6. 你认为他们想要你考虑、感觉或者做什么？

7. 你认为你对你们之间互动过程的描述与他们的描述是否一致？

8. 他们是否给你提供了关于他们的感觉的信息？

9. 你认为他们在讨论这个问题时感觉如何？

10. 你认为当时他们对于继续和你讨论下去会有什么样的感觉？

（六）探索服务对象与咨询师之间相互期望的引导语

1. 你想让他们告诉你什么？

2. 你希望听到什么？

3. 你曾想从他们那里听到什么？

4. 当时你是否对他们抱有什么期望？

5. 你希望他们以何种方式来看待你？

6. 你认为他们对你的感觉是什么？

7. 你想给他们传递什么样的信息？

8. 你是否希望他们说出、做到或者思考一些特定的事情？

9. 他们是否对你有很好的互动反应？他们的互动反应是如何触动你的？

10. 在当时你确定想告诉他们什么？是什么阻止你那么做？

11. 你希望他们做什么？

12. 你是否希望他们做点什么，那样这件事情对你来说就比较容易了？

同时需要提醒，督导对象和服务对象之间的互动过程充满了大量的心理动力学色彩，社会心理督导师作为激励者，会鼓励督导对象对咨询会谈过程进行充分的自我觉察，所以元认知对督导对象构成了很大的挑战，督导对象需要具备足够的胜任力，才能决定什么样的互动过程值得进行如此细致的回顾分析，也就是说元认知更适用于那些能力水平较高、足以区分重要与不重要人际互动过程的督导对象。

还需要提醒的是，督导师要尽量避免将陈述句以提问的方式呈现，过多的提问很快就会遭到督导对象的抵触，从而阻碍督导过程的顺利进行。

二、测评督导效果系统

随着科学技术的进步，督导效果测评技术得到迅速发展。可以预言，随着人工智能技术的飞速发展，督导效果测评技术的应用会越来越深入、越来越广泛。

测评督导效果系统是指服务对象通过操作软件对督导师每一次会谈的效果进行测量。服务对象在督导师办公室或者等候室，通过各种电子设备（例如台式电脑、笔记本电脑、平板电脑、智能手机等）打开督导效果测评软件系统，完成治疗效果评估表，这一评估过程通常只需要 3～5 分钟，软件程序会自动描绘出服务对象的改善情况，标注出有恶化风险的服务对象，预警需要注意的风险因素，例如自杀风险。

与很多领域的从业人员一样，心理健康领域的专业人员也会表现出对自己技能的积极认知偏差，这会导致个案服务出现盲点，干扰其对服务对象症状恶化风险的评估能力，而督导效果测评软件系统可以帮助其从服务对象身上获得及时的反馈信息，有助于社会心理指导师反思会谈效果，改进自身工作。

督导效果测评软件系统包括：

（1）咨询效果问卷，通过分析计算数以万计的历史个案数据来预测服务对象症状恶化的风险，并为咨询师提供"支持工具"；

（2）改变效果管理系统，采用各包含4个题目的效果评估量表和会谈评估量表，分别测量服务对象的整体生活功能以及其对治疗联盟的感知；

（3）咨询中心版心理症状评估，专门用于大学生心理咨询中心；

（4）情景化反馈系统，采用了很多家庭与婚姻治疗的在线测量工具。严格控制的研究证据已经反复证明督导效果测评软件系统可以帮助督导师防止服务对象的症状进一步恶化、降低脱落率，从而取得更好的效果。

在督导过程中使用例行咨询效果监测时，测评督导效果系统提供的信息可以帮助督导师与督导对象双方确定督导的最佳聚焦点。在督导起始阶段，双方可以一起回顾测评督导效果系统提供的数据，注意识别取得显著进步的个案和正在恶化的个案并优先讨论。当然，测评督导效果系统提供的数据也有助于突出强调督导对象工作的成功之处，提升其自信心和专业认同程度。

测评督导效果系统还可以很轻松地收集督导对象的咨询效果数据，并从中发现规律。社会心理督导师可以定期要求督导对象制作电子表格，整理服务对象的人口学资料（包括性别、年龄、诊断、文化背景等）以及效果数据，从中发现督导对象的优势领域以及仍需改进的方面。例如某一个督导对象可能对某种类型的服务对象具有较好的效果，而另一个督导对象可能对某一特定人群具有更好的咨询效果。

测评督导效果系统提供的数据还可以为督导双方就督导对象的表现提供一种客观的中立的视角，抵消督导关系中可能存在的理论偏好、认知偏差和反移情等。例如如果督导师和督导对象对于某个个案存在意见分歧，那么例行咨询效果评估系统就可以为案例分析提供一种客观中立的视角。

三、促进反思的方法

社会心理指导师对个人职业功能的自我觉察和自我评价十分重要，关键是要具备对自身经验的批判性反思能力，而且这种能力也需要学习。

督导师的首要任务是营造一种有助于反思的环境或者氛围。为了做到这一点，社会心理督导师需要提供时间、鼓励，提供开展反思活动所需要的心理空间，还要建立一种基于信任的督导关系。

（一）苏格拉底式提问

督导师们普遍认为，苏格拉底式提问、出声思维是鼓励督导对象进行反思的有效方法。

以苏格拉底式提问为基础，有一种帮助督导对象学习自我反思的问题驱动策略。当督导对象在咨询会谈中遇到困惑或者两难问题时，可以引导他们对一系列问题进行回答。这个过程虽然耗时耗力，但是对于提高反应能力非常有效。

自我反思活动：回答咨询会谈中的两难问题。

（1）描述个案服务过程中让你感到困惑的事件；

（2）尽可能清楚地说明你关于这些事件的困惑；

（3）在会谈中感到困惑的这个时刻，你在想什么？

（4）你有什么样的感受？现在你怎样理解那些感受？

（5）思考一下你在会谈的这一阶段所做的行为，你的行为目的是什么？

（6）现在来看一下你和服务对象之间的互动。你的干预得到了什么样的结果？

（7）你对于你们之间互动的感受、情绪是怎样的？这与你以往对服务对象常见的感受是否相同？

（8）你能够在多大程度上理解这种咨询互动模式与服务对象在其他人际关系中的互动模式是相似的？你现在如何理解你在咨询互动中的体验意味着什么？

（9）你使用什么样的理论来理解会谈中所发生的事情？

（10）过去的哪些专业或者个人经历影响了你的理解？

（11）你对会谈中的事件和互动过程还有其他解释吗？

（12）在下次咨询会谈中，你将怎样去验证可能的不同解释（一定要去寻找你的解释哪些得到了支持，哪些没有得到支持）？

（13）服务对象的反应将如何引导你下一步的行动？

（二）出声思维

在运用出声思维促进督导对象的反思时，社会心理督导师要示范在一次咨询会谈中可能出现的自我反思和决策制定过程，其要点在于督导师要以适合督导对象发展水平的方式进行"出声思维"，并鼓励督导对象说出他们关于服务对象以及与服务对象个案服务的思考过程。

出声思维涉及的内容通常包括对服务对象的观察，对服务对象在各次会谈中行为表现的反思，督导对象对服务对象进行反应的内在心理过程的自我觉察，愿意去检验对服务对象两难问题的假设而不是在行动之前先产生一个主观推测，也包括督导对象试图将所有呈现出来的信息进行整合，通过督导对象自己内在的心理加工过程从而获得一些直觉感悟等。

（三）日志写作

写日志同样可以促进督导对象的反思。写日志的优点在于，它不仅可以帮助督导对象批判性地评价自己的咨询过程及外部条件，而且可以帮助他们聚焦于自己内在的心理现实，包括由治疗情境或者督导情境所激发的痛苦体验。

此外，写日志也可以提高督导对象的思维水平，从描述咨询过程中的具体事件发展到能够识别自身的咨询主题和咨询模式，从具体形象思维发展到抽象逻辑思维，同时还可以激发督导对象反思多元文化的议题。

（四）反映小组

反映小组同样可以提高反思能力，主要用于现场督导，在三人小组中也会使用，具体操作请参见相应章节。

除了苏格拉底式提问、出声思维、日志写作、反映小组等技术，还可以对督导会谈进行反思，这些做法都可以提高督导对象的反思能力。

（五）书面反馈

社会心理督导师额外提供的书面反馈也可以让督导对象从中受益。书面反馈既可以是针对一段录音录像的反馈，也可以是针对一次督导会谈的反馈。

书面反馈是个体督导的有益补充，其作用是利于实现督导对象特定的发展目标。

这些书面反馈也可以促使督导师在督导会谈之前对反馈进行概念化，有一个清晰的反馈思路。许多督导师会在两次督导会谈的间隙而不是督导会谈之间来聆听录音或者观看录像的内容，尤其在督导关系建立之初，更是如此。

这些书面反馈也会自动成为一种督导记录，督导对象可以反复回顾督导师做出的评论、提供的意见。这些材料也可以在同一名督导对象的不同督导师之间相互传阅，从而起到很好的协调作用，有助于不同督导师之间相互协作，更好地促进督导对象的进步。

（六）新兴策略

沙盘。督导对象可以在沙盘中摆放各种不同的小沙具来象征性地展示咨询会谈中的心理动力过程。沙具的选择代表咨询系统中的每一个人，而空间的运用则描绘出各方面的关系动力学特征，这两个方面经常可以为督导对象带来在用语言描述案例时无法觉察到的更多领悟。

隐喻。在督导中使用隐喻也是一种重要的方法，是一种很好的外化技术。例如，你可以提问督导对象"你对你的服务对象感觉怎么样？"，也可以提问督导对象"如果你可以用不同的动物来描述你对服务对象的感觉，你脑子里想到了哪种动物的特征？"。换一种视角、换一种提问的方式或许可以带来全新的感悟。

除了沙盘和隐喻，心理剧、神话故事、童话故事等艺术性表达技术也可以加以创造改编，用来补充心理个体督导技术。

第三节　互联网督导

随着网络科技的进步，科技辅助的督导和训练，或者称互联网督导，抑或网络督导，呈现出快速增长趋势。目前已经应用于互联网督导的工具包括视频会议、网络摄像机、iPad、虚拟现实、互联网云技术等，目前应用它们进行的督导也已经覆盖了几乎所有的心理健康领域，例如婚姻和家庭治疗、学校心理咨询、康复咨询、成瘾问题等，面向各种不同水平的心理督导师（从新手到督导专家），适用于所有的主流督导形式（个体督导、三人督导、团体督导），覆盖所有的心理咨询／心理治疗模型。

科技辅助的督导和训练的优势在于：

（1）增加了心理指导技术训练的可获得性，尤其是对乡村或者边远地区的专业人员来讲，更是如此；

（2）降低了差旅费用，提高了培训日程安排的灵活性；

（3）增进了培训的便利性；

（4）增加了督导与培训过程中内容记录的便捷性；

（5）通过连续的结果评估提高服务质量。

一、视频会议

台式电脑、笔记本电脑、平板电脑、智能手机等，配上有线或者无线网络，外加电源和音频视频设备，登录专门的软件就可以进行视频会议。

（1）视频会议是有效的，其督导有效性和督导联盟的质量等于或者大于面对面的督导会谈；

（2）将面对面和视频会议结合起来的训练模式（或者称混合训练），其督导效果优于单一的面对面训练；

（3）督导对象报告称，对视频会议这种督导模式感到满意；

（4）对国家性和跨文化的督导也是有效的，并有助于提高督导对象的文化胜任力；

（5）视频会议督导可以督促部分督导师和督导对象针对督导进行更加充分的准备工作。

二、电子邮件和微信聊天督导

在督导过程中有效使用电子邮件的一些建议，强调要保证电子邮件沟通的重复性、强化作用、标签作用，重构、使用集体人称代词、标出论述的文献来源、建设性对话等以提高督导的有效性。

对使用电子邮件作为面对面督导的补充手段进行质性研究发现，电子邮件最初讨论的重点较少围绕着专业技能方面展开，更多关注的是督导对象的个人议题和专业行为。

微信是比电子邮件更新的一种通信方式，信息呈现方式更加多样，包括文字、图片、音频、视频等，迄今为止积累的研究不多，但总体来看比电子邮件更便捷和迅速。

三、法律法规与伦理问题

法律法规建设往往滞后于科技发展，互联网督导最大的问题是安全和保密，在对没有取得执照的督导对象进行督导时，这个问题显得尤为突出，他们通常没有那么强的伦理意识。也因此对督导师提出了更高的要求，督导师需要承担的责任更大，对督导师胜任力的要求也更高。

互联网督导中常见的法律法规和伦理问题如表 6-1 所示。

表 6-1 使用互联网督导需要考虑的问题

督导过程	技术	法律法规
1. 督导工作联盟的质量以及督导中的合作程度 2. 反馈与评价的程序，包括申诉流程 3. 督导师与督导对象之间的沟通方法及其有效性 4. 当督导对象被评为不具备胜任力时的处理程序 5. 本地应急支援的督导师 6. 督导师与督导对象的文化胜任力 7. 结束督导的程序	1. 出现技术失误时的备选方案（例如沟通的备选方案） 2. 保密信息存储、备份、删除的程序（例如使用自动加密硬盘） 3. 计算机的软件安全程序（例如双重认证、杀毒软件） 4. 使用移动设备、社交软件、云计算时的杀毒程序 5. 培训与能力测试程序	1. 各个国家或地区关于远程督导的法律和法规 2. 申请执照时所规定的远程督导或 TAST 的时间限制 3. 关于督导师的执照属于另一个司法管辖范围的限制 4. 发生紧急情况时的应急预案（例如应急支援督导师） 5. 服务对象与督导对象的知情同意文件及个案服务程序

四、安全问题

技术安全性是互联网督导需要特别注意的一个问题。使用互联网督导时，需要尽可能避免网络攻击，需要使用密码管理系统，提供便捷高效的安全保障。

科学技术的飞跃发展已经影响并将持续影响网络督导的过程，只要督导师在使用技术时从促进督导对象的学习和成长出发，注意保护督导工作联盟并遵守伦理与法律规范，其结果显然利大于弊。

第四节　三人督导

所谓三人督导，是指一名督导师面对两名督导对象的督导形式。三人督导有两种具体操作形式，被称为分别聚焦和单一聚焦。分别聚焦是指将一次督导的有效时间在两个督导对象之间进行分配，而单一聚焦是指一名督导对象占用一次督导的全部时间呈现其个案，等下次督导再换另一名督导对象报告个案接受督导。研究证明，两种操作形式都能对督导对象产生积极效果，而且与个体督导相比，三人督导时督导对象对工作联盟的评价更高。

一、优势

根据督导对象的反馈，在三人督导中，因为每个督导对象都不是督导师唯一关注的对象，所以督导对象会感觉比个体督导更加放松、更加舒适、更具有心理安全感。督导对象还报告，他们非常看重三人督导中与另一个督导对象形成的特殊伙伴关系，当他们呈现自己的个案时可以得到更多不同的视角；而当同伴报告个案时，自己也可以通过替代学习受益良多。

根据督导师的反馈，三人督导气氛更加活跃，增加了观点的多样性。同时，三人督导也削弱了督导师和督导对象之间的上下级感觉，增强了共同合作的感受。督导师还发现，不报告个案的督导对象所提供的反馈信息，有时候会进一步激活督导师的思维；其中一名督导对象的表现也有助于另外一名督导对象的发展性挑战正常化。

二、挑战

三人督导通常面临两个最大的挑战。

第一，时间限制。如果督导时间限定在1小时，那么督导对象会发现他们个人所得到的督导时间肯定少于个体督导。因为是三人督导，无论是督导师还是督导对象的时间概念都非常强烈，常常感到需要争分夺秒地进行工作。缺乏足够的时间也意味着缺乏足够的机会对督导对象进行更加深入的工作，例如无法更好地帮助其形成个案概念化，无法帮助他们多花一些时间进行反思。

第二，督导伙伴的相容性。这种相容性包括督导对象的发展水平、提供有益反馈的能力，以及更加个体化的特质，例如共情能力、温暖抱持等，此外也包括依恋风格、焦虑水平、印象管理等。

参加三人督导的两个督导对象之间的关系很像兄弟姐妹，包括分享情绪的困难、向别人学习或者希望成为别人学习的榜样、渴望表现得与众不同，以及嫉妒和竞争的情感等。如果督导师与两名督导对象之间的三角关系处理不当，督导环境就会变得不够安全，同伴反馈受到限制，自我暴露就会减少。同时需要注意，不相容的伙伴关系不仅会影响督导对象的行为，也会影响督导师的行为。如果两个督导对象之间的关系不和谐，督导师的反馈就会受到限制，在提供反馈时既要照顾被针对的一方，也要照顾其同伴的反应，无论反馈是积极的还是消极的，都会如此。显而易见，督导师不得不保持中庸立场，否则会引起麻烦。

三、实施方法

成功实施三人督导的关键在于，如何促使不报告个案的督导对象处于活跃的角色状态。

在单一聚焦的三人督导当中，第一，督导师可以借用团体督导的方法，例如要求督导对象的同伴从服务对象角度看问题，在呈现会谈的过程中追踪服务对象的想法和感受。第二，督导师可以采用结构化团体督导的方法，发挥不报告个案同伴的角色作用，使得该同伴也可以对督导过程作出贡献。第三，督导师可以采用角色扮演法让三人督导更加丰富多彩，例如让不报告个案的同伴扮演服务对象的角色，让案例报告者观察督导师如何在咨询中运用一种干预方法。

在分别聚焦的三人督导中，目标在于增加每一名督导对象参与学习的机会，包括激发反思的内部对话，以及有助于自身学习和同伴学习的外部对话。例如前半段，当督导对象报告个案时，另一名同伴扮演观察者和反思者的角色，启动内部对话模式，不给个案报告者提供任何反馈。后半段，报告个案的督导对象进入反思者角色，只能倾听和反思同伴与督导师的外部对话过程。然后两人互换角色，重复上述过程。

四、保障条件

为了确保三人督导有序进行，并取得理想的督导效果，需要控制好如下条件。

（1）时间分配。经典的每周 60 分钟的时间对三人督导是不够的，尤其采用分别聚焦的操作形式时更是如此。所以，为了保证三人督导的效果，通常推荐 90 分钟的时间设置；

（2）仔细选择督导同伴。被督导同伴的相容性在很大程度上决定了三人督导的成败，但是完美的同伴匹配很难实现，需要寻找在几个维度上"足够好"的督导对象同伴；

（3）为不报告个案的督导对象设置特定的角色。尽量调动不报告个案的督导对象的积极性，采取各种措施请其参与三人督导，而非在一旁默不作声地被动观察；

（4）帮助督导对象了解三人督导。任何形式的督导，都需要对督导对象进行引导和培训，三人督导同样如此，需要在督导开始之前引导督导对象了解、熟悉三人督导的过程，好让他们做好充分的准备；

（5）补充使用个体督导。三人督导和个体督导各有优势与劣势，需要取长补短，相互补充。在处理某些特定的个人成长问题时，个体督导更加合适。此外，即使在三人督导当中，评价过程也必须单独进行；

（6）对督导师进行培训。仅仅接受过个体督导培训的督导师，需要接受团体督导培训，才能开展三人督导。在三人督导过程中，督导师在解决一个人的问题时，必须同时关注到另外一名督导对象，始终同时考虑每个人的需要，灵活而有创造性地开展工作。

第七章
团体督导

　　团体督导是指由一个具备更高资历的专业人员针对来自相关专业内两名以上的，有共同特征或共同问题的督导对象，提供的一种干预。督导过程中聚焦督导对象所遇到的同一性问题或困惑开展专业指导。

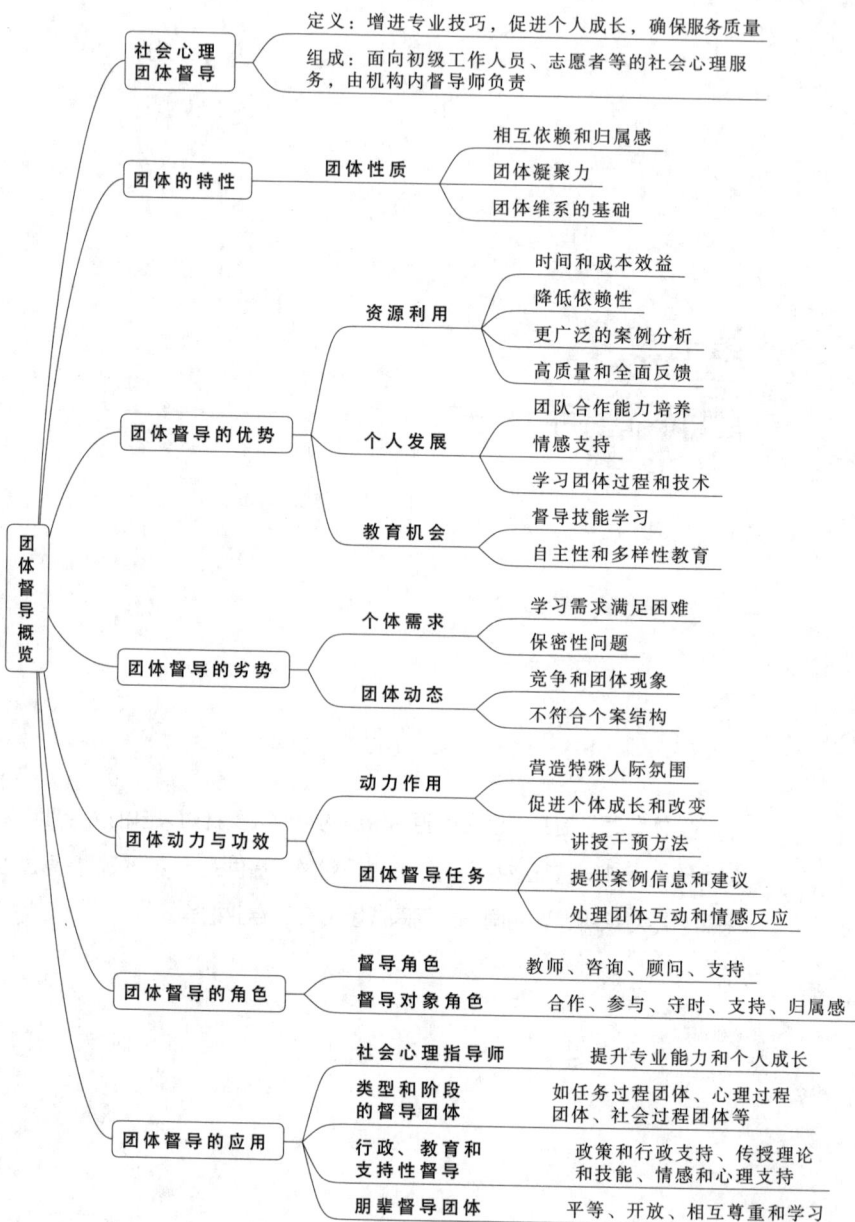

团体督导概览
- 社会心理团体督导
  - 定义：增进专业技巧，促进个人成长，确保服务质量
  - 组成：面向初级工作人员、志愿者等的社会心理服务，由机构内督导师负责
- 团体的特性
  - 团体性质
    - 相互依赖和归属感
    - 团体凝聚力
    - 团体维系的基础
- 团体督导的优势
  - 资源利用
    - 时间和成本效益
    - 降低依赖性
    - 更广泛的案例分析
    - 高质量和全面反馈
  - 个人发展
    - 团队合作能力培养
    - 情感支持
    - 学习团体过程和技术
  - 教育机会
    - 督导技能学习
    - 自主性和多样性教育
- 团体督导的劣势
  - 个体需求
    - 学习需求满足困难
    - 保密性问题
  - 团体动态
    - 竞争和团体现象
    - 不符合个案结构
- 团体动力与功效
  - 动力作用
    - 营造特殊人际氛围
    - 促进个体成长和改变
  - 团体督导任务
    - 讲授干预方法
    - 提供案例信息和建议
    - 处理团体互动和情感反应
- 团体督导的角色
  - 督导角色：教师、咨询、顾问、支持
  - 督导对象角色：合作、参与、守时、支持、归属感
- 团体督导的应用
  - 社会心理指导师：提升专业能力和个人成长
  - 类型和阶段的督导团体：如任务过程团体、心理过程团体、社会过程团体等
  - 行政、教育和支持性督导：政策和行政支持、传授理论和技能、情感和心理支持
  - 朋辈督导团体：平等、开放、相互尊重和学习

第一节　团体督导的概念

一、团体督导的概念

社会心理团体督导是社会心理服务专业训练的一种方法，它是由社会心理服务机构内指定的社会心理督导师对社会心理指导师、机构内新进入的工作人员、一线初级工作人员及志愿者，通过定期和持续的团体督导程序，传授专业的社会心理服务知识与技术，以增进其专业技巧，从而促进督导对象个人成长并确保社会心理服务质量的活动。

（一）团体的定义

团体是一群想获得某些需要满足的个人组成的社会单位，团体中的成员之间具有形成印象并做出反应的互动关系。成员之间相互依赖，认同团体，具有共同的目标，团体成员具有不同的地位和角色，有能力在相同的方式下行动。团体整体具有规范、价值等条件限制成员的行为。

（二）社会心理团体督导

（1）有固定的督导师（一人或一人以上），对团体成员负有教育、管理、支持和评估责任。

（2）一个拥有督导目标和日程安排的结构化群体。

（3）教育、辅导、支持团体成员的成长，监督被监督者的工作质量。

（4）增进督导对象作为社会心理指导师，对于服务对象和所提供服务的系统全面的理解。督导对象在团体督导师和团体成员相互作用过程中得到反馈，以实现上述目标。

（三）团体的特性

（1）团体有相互的依赖和归属感。这是团体最大的特点，成员知觉到其他成员的存在，并与他们互动而发展相互的依赖和归属感。

（2）团体本身为一单位实体，而非单纯的个人组合（团体的整体大于部分之和）。要想成为一个团体就要发展凝聚力。在带领任何一个社会心理团体的工作时，刚开始不适合讨论很深的心理议题。一个善于带领团体的社会心理团体督导师，要善于去把控团体的动力，能够给所有的成员营造敢于和愿意去抒发自己内心的一个环境和氛围。

（3）团体的维系有赖于成员的共同兴趣和目标。社会心理督导团体在筛选成员的时候，需要考虑成员的经验、学习背景，要让团体督导对象拥有共同的兴趣，以免影响整个学习和督导的效果。

（4）团体是一个组织体，每一个成员负有特殊的责任。每一个组员都要在团体中起到他们的作用，而这个作用和成员开始的参与度及参与感息息相关。

二、团体督导的优势

团体督导的群组讨论方式提供了自由联想的机会，这是一对一督导不具有的特性。同时，一对一督导中，督导关系权力分配不均等。而团体督导中，其他与会成员扮演了中间人角色，能够客观地观察和评价督导对象的观点，帮助督导师认识自己的影响。

（1）团体督导具有节省时间、金钱和专业人员的经济优势。

（2）降低督导对象的依赖性。督导过程中，团体内有多名成员参与，可在相互之间提建议和反馈，降低了督导对象对督导师的依赖性，减轻了督导师的压力。

（3）替代性学习的机会。团体督导期间，每个督导对象在观察其他成员进行个案概念化时，学习到不同的助人模式和社会心理指导方法，有助于督导对象对于其他工作方法有更深入的理解及接纳，获得替代性学习的机会。

（4）团体成员了解的不同案例范围更广阔。通过团体督导，督导对象听到不同个案，从而有机会了解并探讨其他成员接待的服务对象，增加资源的丰富性。团体督导的学习资源更丰富，种类也更多。

（5）团体对督导对象的反馈：更多的数量和多元化，更高的质量。团体内多个成员形成多种视角，可以提供更加丰富多样的经验，不同成员可以提供相互学习的多种观点，范围更广阔。成员之间经历不同、专业经验及知识不同，在团体内展现出更多样、灵活和多元化的反馈与思维。

（6）对督导对象有更加全面综合的了解。个体督导只是让督导师看到督导对象在二人关系中的反应，而团体督导再现了督导对象在群体中的行为。通过督导对象在督导过程中，对于自己工作与团体讨论的不同展现，督导师能够从不同角度更全面地观察督导对象。

（7）团体督导使督导对象能在不同情况下观察督导师，更多地了解督导师。

（8）团体督导可以培养成员的团队合作能力，提供情感支持，使得成员获得心理安全感。团体中通过分享各自经验，相互给予支持，容易让成员之间建立起归属感和认同感。督导对象通过经历督导的经验，在之后的工作中也更容易建立团队合作的工作方式。团体督导对象有机会分享工作中遇到的共同问题，增大了把问题客体化的可能性，对督导对象的士气有肯定和安抚作用。

（9）督导对象有机会学习团体过程的技术。团体督导中的经历可以培养成员对当事人群体中互动的洞察力。采用团体形式为督导对象提供了学习督导师如何应用小组互动技术的机会，可用于未来社区中的团体服务。

（10）为督导对象提供了督导技能的学习机会。通过团体督导，督导对象观摩了不同的督导模式，为未来参与督导工作进行了培训；为社会心理服务梯队建设发挥了"中转站"的效能。

（11）团体督导允许督导对象最大限度地自主性发展，提供了接受多元化教育的机会。

三、团体督导的劣势

（1）团体的形式不能照顾到每一个体的学习需要。

（2）保密问题，团体督导的环境中保密措施不那么有保障。

（3）某些团体现象可能阻碍学习，造成成员间的竞争。

（4）团体督导的形式与需要督导的个案结构上不一致，这就限制了督导对象从观察督导干预中学习的机会。

（5）督导师面临丧失对团体控制的风险；群体一致性压力可能会抑制个

人创新能力。人数众多所带来的安全感担忧，可能导致接受督导的人组织起来对抗督导师的风险。

（6）团体督导的去个性环境，有可能造成督导对象可以接受团体给出的解决办法，放弃个体寻找解决自身问题方法的策略。

（7）团体中沟通失效的风险高于一对一督导。在团体中，督导师以小组为关注中心，可能会令一些人无法准确地接收信息。

第二节　团体督导的角色

一、督导角色

作为督导工作的核心角色，团体督导的督导者是督导小组的带领者，在督导过程中要时刻注意聚焦督导目的，运用团体技巧，通过交流互动、合作解疑等引领督导对象思考，通过团体动力和体验帮助督导对象在理论、技术、能力和个人成长方面受益。

不同类型、不同风格的督导团体，小组里的成员会有不同需求。团体督导者带领团体时要有整体意识，避免出现只给某一个成员做督导，而其他人旁听的现象，造成资源浪费。

（一）教师角色

督导师在团体督导中呈现教学信息，设定合适的边界，并给予督导对象评估。在社会心理指导师的个案服务不足时，给予教导、示范，协助社会心理指导师正确地使用社会心理指导技术或加强理论概念；而在社会心理指导师有良好表现时给予鼓励和肯定。帮助团体成员学习社会心理宣传与教育的方法与途径。

（二）咨询角色

在督导对象对个案有强烈情绪反应时，观察督导对象的情绪反应，为其提供专业咨询，解决督导对象个人问题。虽然督导师不是心理咨询师，更需掌握社会心理指导师理论，以社会心理指导师角色帮助督导对象，但是也要看到督导对象个人问题在影响其成长和服务能力。因此，要根据情况，使用个体督导或团体督导形式，给予督导对象个人体验，处理个人成长和职业发展等问题。

（三）顾问角色

强调督导师提供社会心理服务相关的资讯，如转介的机构和国家政策与规定、法律条款或专业活动、训练机会等。督导师必须有相关的技能帮助督导对象对心理健康指导、评估居民心理状态、诊断工具、干预、知识宣传与专题讲座以及转介进行适应性调整。

（四）支持角色

督导师为督导对象提供工具性、情感性和发展性支持。督导师掌握团体促进和团体激励技能，要让个人对团体的贡献最大化，整合协调团体成员的参与，推动督导团体的目标实现。

二、督导对象角色

督导对象在督导团体中扮演一种体验式的，同时又是学习式的角色。成员之间是互惠性的关系，通过受督导的过程不断发展自我觉知、学习成长和专业提升。

（一）在督导过程中的需要从以下几方面去塑造团体凝聚力

（1）作为团体成员的合作程度；

（2）作为参与者表现的自发性程度；

（3）出勤率、守时、信任的程度；

（4）互动中表现出的支持、鼓励和关怀的程度；

（5）更坚定地接受团体指定的工作和角色；

（6）更愿意遵守团体规范，反对和施压违反团体规范的人；

（7）更愿意倾听和接纳他人；

（8）为了团体更加能忍受痛苦和挫折；

（9）团体界限更明确。

（二）督导对象的行为表现和心理体验

（1）每名成员对于身处这一团体感受如何？

（2）看上去成员们是否了解在这个团体中什么是被期望的？

（3）每名成员是否清楚自己为什么会在这个团体之中？

（4）每名成员是怎样应对身处团体这一事件的？

（5）看上去成员们是否喜欢他人呢？

（6）看上去成员是否对与其他人相处感到舒适呢？

（7）成员们是否有归属于这一团体的感受呢？

（8）成员们是否对与领导者相处感到舒适呢？

（9）是否有任何力量在实施领导角色？

（三）督导对象的职责

（1）形成团体。成员了解督导团体的目标、自己的权利与义务，自愿参与。

（2）维系团体功能。成员承担一定责任为会谈做准备工作，也有责任积极参与小组互动，尊重并注意倾听其他成员的发言。为实现团体目标愿意有所付出，遵守督导协议的约定。

（3）帮助领导者和成员及时发现其他成员的心理特点和行为与互动模式。

（4）在团体中利用新的团体互动，互相帮助成员形成新的适应性行为。

第三节　团体督导的任务

团体督导主要是通过团体动力的属性与人际历程的能效，通过聚焦内容，激发个人发展和自我觉察，帮助督导对象获得个人及专业的发展。

一、团体督导的任务

团体督导和个体督导任务具有共通性，都是为了协助督导对象专业成长。团体督导的任务有以下4个。

（1）讲授干预方法。对初学者需要讲授干预的方法，哪怕有一些经验和资深的工作者，也需要一些新的干预方法或者更深入的干预方法。

（2）提供针对具体案例的信息、建议或者反馈。督导师要去把握以下部分：成员发言的部分怎么整合到对案例的理解上，成员发言的方式怎么能够鼓励并帮助督导对象看到自己，使其自信的同时又能看到自己的缺失和不足。

（3）重点关注某一督导对象对服务对象所产生的情感反应。关注这些情感反应，就是帮团体从更多的维度去理解个案的模式所带来的在人际关系和社会适应中的一些反应。

（4）处理团体的互动和发展，有利于促进督导对象的探索、开放和反应。

二、团体督导师的能力和结构

（一）督导师的能力

对于督导师而言，恰当的团体督导技能必须包括对督导关系、社会心理指导关系及平行过程的关注。

（1）具有社会心理服务理论督导的知识和技能；

（2）具有个体督导的经验；

（3）具有带领团队的经验。

（二）督导师的结构

（1）重点关注督导对象和服务对象的互动；

（2）督导小组成员之间的互动；

（3）督导师与督导对象的互动；

（4）与督导对象所属机构的关系。

（三）督导师的任务

建立关于团体规则和结构的期望。

（1）建立团体的安全感。挑战质疑，解决冲突，给予成员支持和安慰。督导师要在发生冲突的成员之间进行调解，避免出现寻找"替罪羊"的行为；对有保留或不敢参与团体活动的成员提供支持和帮助，对小组互动可能起破坏作用的情感采取行动协调沟通，执行"守门人"要则，保证小组成员可以安全地表达想法与感受。

（2）示范如何进行有效反馈。启发督导对象表达态度、想法、感受，帮助督导对象阐明观念，复述并澄清督导对象的想法与感受。

（3）增强成员的参与能力。提供信息并给出建议，进行概括、总结。推进、校正、催化与聚焦督导目标。督导师给予的指导要促进小组成员的参与，督导师可以选择聚焦在团体动力上或引导团体讨论，使成员发展出更强的对小组互动形态的意识。

（4）评估受训者发展水平。督导师要有意识地激发每个成员内在成长动力，对职业枯竭现象做出干预，对团体内部凝聚力和个体进步期待给予适时评估反馈。

三、结构式团体督导的步骤

结构式团体督导有较高的结构化水平，带领者在整个过程中会比较主动地进行干预和安排。结构式团体对初做团体督导的带领者而言，相对较易把握，靠结构本身去带领团体动力的发展。

（1）报告案例。督导开始，报告案例的督导对象先进行案例的报告，一般来说是 10～20 分钟的过程。

（2）描述感受。成员听完报告以后描述感受。要帮助组员对服务对象的工作超越流派，超越具体个案服务，重点在人和人之间的一些基本感受。无论做任何方式的工作，不是流派在发展，而是如何去理解和感受人；然后与服务对象建立最深层的情感联结，这是最重要的工作环节。

（3）提问。此环节由团体内其他成员就督导对象所提交的信息进行提问，以澄清可能的认知误会、补充信息。

（4）反馈。团体成员按照一次一个人的顺序，对督导对象给予反馈和建议。

（5）案例建构。案例建构是指如何理解督导对象或服务对象。通过对案例的重新解构，帮助团体成员从不同角度理解过程。

（6）补充方案。提供洞察力和支持，团体成员就案例提出可行性补充方案。

（7）总结。督导师对前面督导中展开的各个过程进行总结，评估督导对象目标实现效果。对督导体验进行评价，评价聚焦于每名督导对象在督导体验中的收获，并将此与签订的督导协议内容联系起来。

四、报案督导对象的任务

（一）提交案例报告

（1）对上述内容、事件或过程最可能的解释是什么；

（2）描述印象深刻的内容、时间或过程；

（3）对待反移情：感受、想法或幻想；

（4）督导对象认为服务对象对社会心理指导师的想法和感受；

（5）希望在团体中得到的特定反馈是什么。

（二）参与督导，融入团体

（1）汇报案例；

（2）倾听反馈；

（3）自我探索与调整。

五、团体成员的任务

（一）从社会心理指导师方面思考

（1）你喜欢团体中其他社会心理指导师使用的哪种方法；

（2）服务对象对社会心理指导师行为的反应是什么；

（3）可以提供补充方法。

（二）从有关服务对象方面思考

（1）服务对象关心的是什么问题；

（2）服务对象在你身上引起了什么感受；

（3）核心主题是什么；

（4）迷惑的点是什么。

（三）从督导（会谈）的情况思考

（1）基于你对服务对象的理解，本次社会心理团体督导是否完成了正确的过程或者达到目标；

（2）你认为这次团体督导主要完成了哪些工作；

（3）主要缺点是什么。

（四）关于下次督导内容的思考

（1）下次会谈合理的、有意义的目标；

（2）如何达到这些目标；

（3）可能存在哪些障碍和困难。

第四节　团体督导的策略

一、团体动力与领导者策略

团体督导正是借助团体动力的作用，有意识地对团体中的个体施加影响，为个体的成长和改变营造特殊的人际氛围和提供心理空间。同时也可以提高团体的凝聚力和工作效率。

二、团体的工作机制

团体不针对个人去工作，但要让每个人参与进来，形成基本的凝聚力和团体氛围。当团体督导到了个案工作阶段时，再针对个人的问题开展工作，整个团体的工作机制是由团体向个体发展，最后再回归团体。整个过程都先在团体层面工作，然后在过程中根据人际关系整合融洽，最后根据个体需求工作，以上是带领社会心理相关团体工作必要的三个层次。

不同的任务取向，不同的目标，不同的理论取向，在人际和个体层面的工作会有不同；对团体层面的工作，任何一个团体都具有相似性。对团体动力的把握是带领一个社会心理团体的基本功。

三、团体动力学的功效

（一）团体成员心态的变化

（1）从防御到安全。从孤独感到亲和感，感受团体的尊重与信任，产生安心感。

（2）从封闭到开放。从不安感的自我封闭到了解、体谅，开始同感、坦诚。

（3）从自卫到自在。从担心、探索，有挑战性行为，继而感受到彼此接纳支持，开始分享、沟通，关系亲密。

（二）团体动力学的运用

（1）因为参加人数多，需要对整个督导对象团体提供指导。

（2）督导师带领团体成员检视督导对象提出的案例，以便给予建议或反馈。

（3）督导师带领团体成员检视督导对象对个案产生的情绪问题。一旦团体中因某议题使得成员出现强烈的情绪反应，督导师有责任提出这些议题，包括移情和反移情议题，营造安全的氛围帮助督导对象展开讨论。

（4）督导师带领团体的互动及发展，以促进督导对象探索、开放与反应。如果没有融洽、包容、共情、温暖的氛围，督导对象很难开放地谈论自己面临的困扰和问题。

四、团体督导带领策略

（一）团体督导的阶段

1. 准备阶段

筛选成员、确定时间、地点和结构。

（1）目的设定，成员筛选。根据成长型、支持型、教育型、不同督导方向和模式选取成员；

（2）小组设置。检查活动场地房间的大小、座椅、温度、舒适度等要素。

2. 形成阶段

制定基本原则和关系结构，提升凝聚力。

（1）督导师与督导对象签署团体督导协议，有助于团体管理，避免督导对象因角色冲突产生消极情绪；

（2）内容探讨，关于目标、期望等与督导对象明确澄清，并对团体所有成员的权利、义务、职责等关系达成一致。

3. 过渡阶段

引导团体成员（督导对象）的成长性竞争，提升团体凝聚力，维护和发展团体气氛。过渡的阶段引导竞争的出现，一是吸引更多的关注度，二是竞争在边界里面可以适度存在，使得团体资源得到更多的激活。

4. 工作阶段

促进任务的完成，观察和推动动力，个性化指导与多层面工作、发展凝聚力和独特性、形成督导团体的独特文化、鼓励差异和积极的冲突。

带领者要帮助督导团体形成一个安全支持、开放，能够互相学习的团体。

5. 结束阶段

团体成员评价已完成的督导过程，共同分担的责任目标实现情况、后续工作的指导。被督导者评价为实现团体目标付出的努力与贡献，自身的发展，今后学习的方向等。

（二）团体督导的方法与技巧

1. 从某一特定理论取向观察督导会谈

一名或几名成员担任观察者从不同理论角度观察督导过程，分析问题的形成和解决方案，帮助督导对象将理论与实践相结合。

2. 结构式同伴团体督导

督导对象在团体里提交一个自己的案例资料，准备好关于服务对象的简要介绍及相关背景信息，提出案例和社会心理指导工作有关的具体问题。由团体其他成员根据不同的关注方向，观察完成聚焦性任务，培养成员的某种特定技能。

3. 心理剧、角色扮演

心理剧是在团体督导中经常使用的办法。首先要设定表演的情境，将角色扮演的基本内容交代给小组成员，督导对象参加角色扮演的意愿取决于团体的安全感。在角色扮演中除了情境和人选，还可以设定角色采用的工作方法，例如运用人本主义疗法、认知行为技术等，帮助团体成员更好地体会社会心理指导的各项技术。

参加心理剧，通过角色扮演可以帮助督导对象更清楚地理解服务对象，更深刻地体会理论与技术。角色扮演鼓励自我发挥，督导师需要清楚了解参加角色扮演的人需要受到保护，避免破坏性批评的伤害。

4. 提出描述性比喻

督导对象通过观看受督过程提出一个描述性比喻，有助于聚焦社会心理指导工作中最突出的关系问题。描述性比喻在社会心理指导师与服务对象面临人际关系的动力冲突，或社会心理指导师有挫败感和职业倦怠时较有帮助。

5. 团体督导的技巧

（1）引导技巧。预测督导对象在督导过程中的关注焦点和可能出现的反应，以及督导师可能面对的冲突。让督导对象感觉到督导师已经为团体会谈做好了准备，愿意尝试理解成员的内心感受和期待。通过提出一些引导性问题，引出督导主题。

（2）约定技巧。团体在约定督导目标时遵循以下标准：

第一，可行性，团体督导目标可实现。

第二，适当性——符合团体成员的期待和能力。

第三，合理性——督导目标符合国家政策法规，符合服务机构的规章制度和服务愿景。

第四，一致性——团体督导的目标与督导对象的动机保持一致。

第五，兼顾长短期目标——团体督导的目标既解决督导对象当前遇到的问题，也能促进督导对象个人成长。

（3）讨论内容技巧。

第一，描述具体化，焦点倾听、提问、处理沉默。

第二，运用同理心，体会理解督导对象的压力和内心感受。

第三，分享个人感受，自我表露，经验提供。

第四，下达任务指令，面对问题，切割问题，聚焦，关注潜在影响。

第五，敏感议题处理，不批判、不评价的接纳态度。

第六，重组结构，将事件从消极视角转变成积极视角，重新赋予其意义。

（4）结束督导会谈技巧。引导督导对象学会管理督导会议的进程，提高督导对象的时间管理能力。运用总结、概括帮助督导对象从整体视角理解讨论的主题、督导的过程和主要的收获。

（三）督导团体的规范

（1）准时出勤、定期参加会议；

（2）允许团体每一名成员自由发言不被打断；

（3）认真、仔细地聆听其他成员的发言；

（4）发言与回馈应与正在讨论的议题相关；

（5）团体成员分享可以促使社会心理工作产出更有成效的经验与材料。

第五节　团体督导的变式

一、督导团体的类型

（一）第一种分类

（1）任务过程团体：教导和个案概念化材料的一种结合。重点关注督导对象和服务对象的互动。

（2）心理过程团体：关注个人成长。

（3）社会过程团体：关注人际关系成长。督导对象在成长过程中要通过社会构成团体进一步掌握沟通的一些技能，例如建立关系的技能。

（二）第二种分类

（1）针对督导对象的团体督导：聚焦于服务对象，主要任务是案例分析。

（2）成长团体督导：关注督导对象的成长，包括工作管理技能、专业实践技能、影响他人的技能、学习技能。

（三）第三种分类

1.行政性督导

行政性督导提供有助于社会心理指导师开展工作的机构与机构资源，增进组织结构的能效，为督导对象提供更多的资源。

社会心理指导师的工作场所是社会心理服务站，社会心理服务站是依托社区（村）、街道和各单位或社会组织等设立的心理服务场所，为群众提供心理服务。同时督导师也有社会化责任，社会心理督导也具有行政性功能。行政性团体督导的主要内容在于说明机构的政策、行政程序和有关工作规定，帮助督导对象解决工作中行政方面遭遇的难题。

督导目标：帮助督导对象了解国家政策、机构行政方面各种相关行政程序和规则，满足督导对象功能性需求，以便依序有效开展和完成工作。

2. 教育性督导

教育性督导旨在向社会心理指导师传授其开展工作所应具备的理论、技术和知识，并帮助其掌握这些资源。

包括以下内容：督导对象在面对服务对象遇到的社会问题时可能产生的行为变化；提供社会心理服务工作的理论和技术；加强督导对象的专业意识；关注督导对象的感受和行为态度；关注助人过程；帮助督导对象建立自我意识；帮助督导对象建立种族、性别、性取向方面的意识和提高敏感性。

督导过程应遵循以下基本原则。

（1）督导师应适度尊重督导对象已有的学习方式，不宜规定和限制学习的方式；

（2）教授新观念、新方法与新知识时，结合与督导对象自有的知识经验相近的方法，学习效率更高；

（3）帮助督导对象感受学习是愉快的过程，督导师以鼓励代替挫折，维持督导对象适度的学习动机，激发其学习潜能；

（4）从团体成员面临的实际情况出发，对思考方式和工作技巧进行训练，讨论专业理论、知识与技术的应用；

（5）与团体成员讨论学习内容和期望，以确认督导对象了解程度和接受程度，避免冲突发生。

3. 支持性督导

支持性督导通过营造有利的心理氛围和团体人际关系环境，帮助督导对象清除情绪方面影响工作的障碍，以使督导对象提高积极性，富有成效地开展工作。

（1）支持性督导的方法

安慰、鼓励以及对工作成绩的认可；疏导督导对象的情绪，帮助其脱敏和泛化；基于现实表达对团体成员的赞许和信心；提供情感支持，培养自我适应能力；缓解压力，恢复心理平衡；缓解焦虑；增强自信。

（2）支持性团体督导的任务

第一，帮助团体成员建立信心，适时增强督导对象的自我功能，以协助成员正确对待与处理因工作带来的挫折感、焦虑与自责等情绪。

第二，通过团体给予督导对象关怀与支持，帮助督导对象在今后工作中更有安全感，勇于尝试新的工作。

第三，赋能督导对象，让成员感受到社会心理服务工作的满足感和价值感，认同专业工作，以更高的热情投入社会心理服务体系的工作。

第四，带领团体成员觉察和肯定自己的工作成绩，激发团体成员士气，使其对社会心理指导师工作产生认同感和归属感。

（四）整合式肯定性督导——教导式、个案讨论、个人成长、团体发展、组织问题、督导师—督导对象关系

在工作管理的技能方面，督导对象需要有搭建框架和维持框架的能力，这部分是超越技术流派或者是心理工作一些理论流派的工作能力。帮助督导对象掌握用一种心理指导的理论方法去持续工作的技能，包括和人沟通的技能等，这个是团体督导里面的聚焦于督导对象个人成长的过程。

（五）一次性的团体辅导与连续性的团体辅导

如果聚焦于督导对象的个人成长，进行连续性的团体辅导更好。如果只注重对服务对象的理解，尽量少去关注督导对象的个人问题，则一次性或者短程团体督导即可。

二、朋辈督导团体

（一）朋辈督导团体的概念

具有相同观点、需求的一群社会心理工作者使用小组的形式，通过其专业知识及关系互相帮助、共同教育，建立结构化的、支持性的团体，达到提高理论技能和促进个人成长的目的。

朋辈督导团体参与者尊重同伴及其价值观，团体成员持开放心态相互学习，对彼此更有责任感。团体成员无等级差别，无正式的评价。

（二）朋辈督导的优势

有助于社会心理工作者对社会心理工作进行自我反思，提供个人框架结构之外的更多选择。

（1）围绕共同话题，协商解决，提供了一个场所，帮助团体成员重新审视同质化问题的体验。提高社会心理工作者对反移情等问题或平行过程的觉察水平；

（2）提供同行评议场域，权利平等，提升主动性，有助于保持较高的工作实践标准；

（3）集思广益，为专业相关信息的传递提供了场所，帮助成员进行继续教育；

（4）增加感情支持。提供安全感、归属感、被肯定等有利于团体过程发展的动力因素，帮助成员避免潜在的职业倦怠。

（三）朋辈督导的劣势

（1）团体成员基本处于同一水平，看待问题视角相似，容易出现讨论的层次不深、理解不到位的情况；

（2）督导过程不宜聚焦。朋辈督导容易出现倾诉较多的情况，偏离目标，影响督导成效；

（3）容易影响参与度；

（4）顾忌影响相互关系而保留真实感受和想法；

（5）提供督导主题的成员容易因为其他成员的提问、反馈产生焦虑，形成压力。

（四）朋辈督导具体操作原则

（1）团体领导权轮流行使，每次会谈都有一名成员进行组织领导；

（2）参与者在讨论问题前明确主题，制定会谈规则；

（3）成员平等与相互尊重。每名成员都具有督导者和督导对象的双重身份，在分享和贡献自己经验的同时，也从其他成员身上学到经验；

（4）理性地表达、正向反馈，避免评价。共同营造开放、接纳、安全的沟通环境。

第八章
现场督导

现场督导是从个体督导、三人督导或者团体督导转变而来的一种范式。因此，它不属于其中任何一种的亚型。这种转变主要包括两方面的内容：一是指导与督导之间的区别不像其他形式之间那样明显；二是督导师的角色发生了明显的变化，不仅是指导者，也是共同的工作者。正是由于这些本质的差别，现场督导过程及其优缺点与其他督导过程也有明显的不同。当然，使用现场督导方法，对服务对象与社会心理指导师之间的接触进行外部观察，都要先征得服务对象的同意。

本章将讨论现场督导的方法、现场干预的计划与实施，优点与缺点，以及提出在不同情境下如何开展督导的建议。

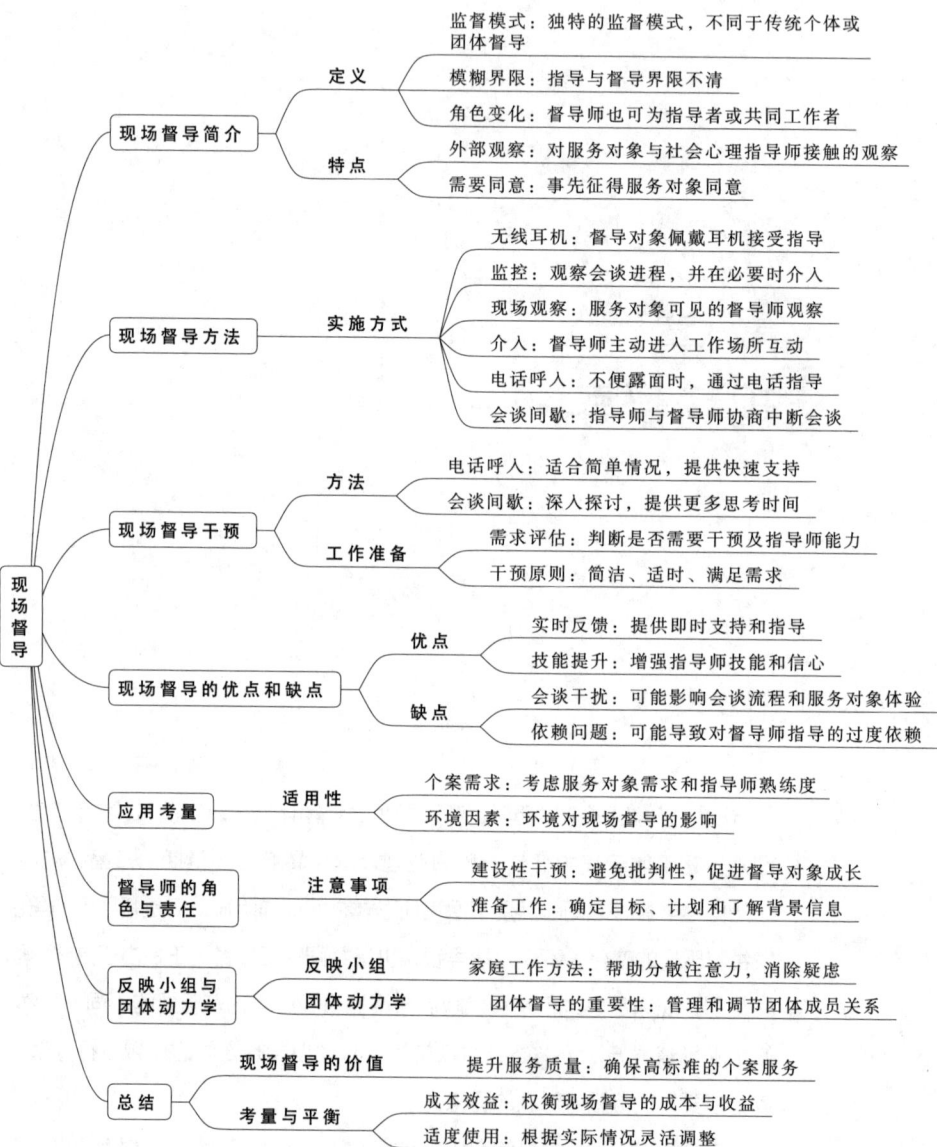

现场督导

├─ 现场督导简介
│ ├─ 定义 ── 监督模式：独特的监督模式，不同于传统个体或团体督导
│ └─ 特点
│   ├─ 模糊界限：指导与督导界限不清
│   ├─ 角色变化：督导师也可为指导者或共同工作者
│   ├─ 外部观察：对服务对象与社会心理指导师接触的观察
│   └─ 需要同意：事先征得服务对象同意
│
├─ 现场督导方法
│ └─ 实施方式
│   ├─ 无线耳机：督导对象佩戴耳机接受指导
│   ├─ 监控：观察会谈进程，并在必要时介入
│   ├─ 现场观察：服务对象可见的督导师观察
│   ├─ 介入：督导师主动进入工作场所互动
│   ├─ 电话呼入：不便露面时，通过电话指导
│   └─ 会谈间歇：指导师与督导师协商中断会谈
│
├─ 现场督导干预
│ ├─ 方法
│ │ ├─ 电话呼入：适合简单情况，提供快速支持
│ │ └─ 会谈间歇：深入探讨，提供更多思考时间
│ └─ 工作准备
│   ├─ 需求评估：判断是否需要干预及指导师能力
│   └─ 干预原则：简洁、适时、满足需求
│
├─ 现场督导的优点和缺点
│ ├─ 优点
│ │ ├─ 实时反馈：提供即时支持和指导
│ │ └─ 技能提升：增强指导师技能和信心
│ └─ 缺点
│   ├─ 会谈干扰：可能影响会谈流程和服务对象体验
│   └─ 依赖问题：可能导致对督导师指导的过度依赖
│
├─ 应用考量
│ └─ 适用性
│   ├─ 个案需求：考虑服务对象需求和指导师熟练度
│   └─ 环境因素：环境对现场督导的影响
│
├─ 督导师的角色与责任
│ └─ 注意事项
│   ├─ 建设性干预：避免批判性，促进督导对象成长
│   └─ 准备工作：确定目标、计划和了解背景信息
│
├─ 反映小组与团体动力学
│ ├─ 反映小组 ── 家庭工作方法：帮助分散注意力，消除疑虑
│ └─ 团体动力学 ── 团体督导的重要性：管理和调节团体成员关系
│
└─ 总结
   ├─ 现场督导的价值 ── 提升服务质量：确保高标准的个案服务
   └─ 考量与平衡
      ├─ 成本效益：权衡现场督导的成本与收益
      └─ 适度使用：根据实际情况灵活调整

第一节　现场督导方法

现场督导将对社会心理服务工作过程的直接观察与一些方法结合起来。在社会心理服务期间，这些方法使得督导师能够与正在工作的督导对象沟通，并影响督导对象的工作。

一、现场督导的方法

（一）无线耳机

这是在个案服务期间督导对象戴在耳朵里的，督导师可以通过耳机指导督导对象。

（二）监控

督导师观察会谈的过程，当发现督导对象陷入困境时，督导师会直接对会谈进行干预。

（三）现场观察

这个方法与监控有些类似。不同的是服务对象能看到督导师是如何工作的。然而，督导师并不是接替社会心理指导师的工作，而是当着服务对象的面与指导师进行协商，就像是医生查房时，当着病人的面讨论治疗方案一样。

（四）介入

督导师在某一时刻故意走进工作场所，与指导师和服务对象进行互动。督导师的介入并不意味着发生了危急情况，也不是在现场观察中明显表现出来的那种督导，而是根据需要做出的最有效的现场示范或建议等工作干预。因为介入这种形式，经常被用来直接指导，所以，我们也可以认为它是一种工作干预，而不是一种督导方法。

（五）电话呼入

当在场外观察的督导师发现问题，需要及时干预又不便于出面时，会使用某种电话会议系统打电话给指导师，要求中断工作过程，并告诉其该如何做。

（六）会谈间歇

指导师离开工作现场去跟督导师讨论协商，间歇时间可以是预先规定的会谈中的某一时间，或者当督导师对指导师发出警示时，比如，通过敲击单向玻璃，采取间歇休息或暂停工作。

二、现场督导方法的比较

社会心理督导中，根据场景的需要和服务对象的情况，经常应用上述现场督导的方法。工作中比较常用的方法是"监控"和"现场观察"，这两种方法在应用时，相似之处是督导师全程跟进指导师的工作，必要时会直接对会谈的过程进行干预。不同的是，现场观察时服务对象可以看到督导师是如何工作的。

对于"电话呼入"和"会谈间歇"，这两种方法的相似之处在于都中断了会谈或工作，从而让指导师接受督导师的信息输入。不过，在这个过程中，当电话呼入时，指导师几乎没有机会对干预做出反应。相反，使用会谈间歇时，指导师返回工作场所之前，就有机会对督导师的建议进行澄清。两种方法都有已被证实的培训和督导优势，但它们也有缺点，那就是由于中断的性质而改变了会谈或工作的流程。

尽管有些督导师热衷于使用某一特定的现场督导方法，但是，我们并不强调现场督导中使用的特定方法，而是主要关注干预或指导的原则，使用现场督导时必须考虑效果，帮助督导对象和服务对象适应督导师存在这一情况。

第二节　现场督导干预

在现场督导期间，督导师与督导对象之间的沟通被称为督导干预。根据需要，我们只讨论通过电话呼入和会谈间歇而进行的现场干预方法。

一、现场干预前的准备

（一）提出问题

督导师在开始实施现场干预之前，应该提出以下问题：

（1）会谈期间，必须介入指导以调整工作方向吗？

（2）如果没有干预，能够自己调整方向完成会谈吗？

（3）指导师有能力成功地执行所建议的干预吗？

（4）运用干预的驱动力是为了满足指导师和服务对象的需要，还是为了实现督导师参与合作工作的愿望？

（5）这个干预方法能简明扼要地进行沟通吗？

（二）现场准备

督导师在开始实施现场干预之前，应该根据所选择的方法做好相应的准备。

二、现场干预的介绍

（一）电话呼入干预

电话呼入干预的优势就是能够让个案服务过程暂时停止。与会谈间歇（可能有预先安排）不同，电话呼入提醒服务对象，督导师认为要在这个特定的时间暂停会谈，然后建议指导师改变工作方向。另外，由于服务对象知道指导师在接受反馈，指导过程本身就成为一种干预。

与所有的现场督导干预一样，电话呼入干预应该很谨慎地使用，而且应该简明扼要。根据督导对象的发展水平，可以逐字逐句地指导，或对于经验较多的督导对象可以给予相对灵活的指导建议。当督导师使用电话呼入干预时，要遵循以下原则：要注意干预的时机，在个案服务开始 10 分钟内不要进行干预；在每一次现场会谈期间最多不要超过 5 个电话；告知督导对象，他们可以自己决定何时在会谈中采纳某一建议。另外，电话呼入干预应该包括积极的强化。换句话说，花点时间说"你的确做得非常棒，你成功地阻止了不良行为"。这样就鼓励了督导对象更加积极地投入下一步的干预过程。有督导对象认为，支持性成分的电话呼入干预是"最有效的"。

总之，当信息相对简要、不复杂并以行为为导向时，电话呼入干预是一种比较可靠的现场干预方法。

（二）会谈间歇干预

除了督导对象需要进一步澄清，督导师也可以出于以下考虑而采用会谈间歇干预：

（1）干预时间可能较长，督导对象需要额外的时间来消化它；

（2）督导对象需要理解基本理念，而这一点无法通过电话呼入干预很好地完成；

（3）如果督导对象有机会对干预做出反应，那么他会从中受益，督导师可以确信督导对象能够理解干预的原理，或干预方式与督导对象对服务对象的体验相一致；

（4）在构思干预的过程中，督导师必须跟督导对象确认某些观点和原则。

在使用会谈间歇的方法时，很重要的一点是督导师要注意督导干预所占用时间的长度。个案服务过程的某一时段会被督导会谈所削弱，这一时段应被看作成功实施现场督导的一个关键部分。只要服务对象感知到现场督导的帮助性，大于因会谈中断而带来的侵入感，他们就会对现场督导感到满意，因此，会谈中使用会谈间歇的干预方法时必须谨慎、克制地进行。

此外，干预方法要想获得成功，督导对象必须体验到现场督导是建设性的，而不是批判性的。为给督导对象提供机会以进行更具反思性的内部加工，发展感知和认知技能，个案服务之前和之后的讨论是必不可少的。

第三节 督导计划与总结

尽管督导师与督导对象及服务对象之间的互动是现场督导的关键，但成功实施这一模式的基础，来自现场督导之前和之后所进行的工作。

一、督导计划

督导师在会谈前的工作中要达到两个目标：①使督导对象为即将开始的会谈做好准备；②聚焦于督导对象自身与本次会谈相关的学习目标。

督导师经常会要求督导对象，在即将进行的个案服务中尝试一项特定的技术，比如提高家庭成员间互动的强度，或者询问他们是否有某些特别的方面需要让督导师来进行观察。换句话说，对于督导对象和督导师来说，会谈前准备的重要性在于明确各自在个案服务中承担的工作。

个案服务技术必须反映督导对象的发展水平。督导师对于新手督导对象需要更加主动，既要为他们提供概念上的整体思路，又要为即将开始的会谈干预做好计划。随着督导对象逐渐积累了经验，督导师就应该逐步转变为更倾向于顾问性质的角色。

二、督导总结

会谈后的讨论总结，可使督导对象和督导师共同探讨会谈期间发生的事情。由于双方都参与了工作，但是从不同的角度来看待会谈过程，因此这段时间是很重要的。双方可以分享各自的感受和看法，回顾干预的有效性，提供反馈，讨论会谈期间没有解决的问题，并作为下一次工作计划的参考依据。

如果会谈期间已经给服务对象布置了家庭作业，这个时候还需要考虑服务对象对所布置的作业的可能反应方式，并在这一反应的基础上考虑下一次干预的内容和形式。换句话说，成功会谈后，总结能为督导对象提供发人深省的内容，从而使其在下一次会谈前能进行充分的思考。

尽管会谈是一个很重要的指导过程，但会谈后总结对于督导对象的认知成长来说是一个更佳的时机。

第四节 实施现场督导

实施现场督导，督导师与督导对象需要提前做好相应的沟通，并根据督导模式，选择介入的适宜方式和时间，为现场督导做好准备。

一、督导五要素

督导五要素见图 8-1。

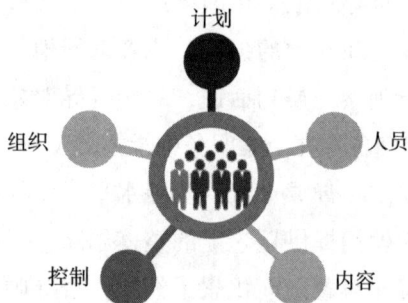

图 8-1　督导五要素

（一）计划

确立督导目标，制订实现目标的计划、规范程序。

目的：具体描述督导活动的预期产出。

内容：督导活动的内容、步骤与具体方法。

时间与地点：督导活动的频次、督导对象和服务对象的选择等。

（二）组织

按有效方式干预、选择合适的督导模型，落实督导内容。

（三）人员

详细了解服务对象—督导对象有关情况。

（四）内容

选择合适的介入方式和督导方式，对督导和个案服务效果都具有影响意义。

（五）控制

规范督导流程、强化效果和发展技能。

二、面谈中的现场督导

即使督导师可以对督导对象的工作进行全面和更为直接的观察，他们仍无法在最为有效的介入时机对督导对象进行指点。督导师无论是在面询现场进行观察，还是通过单面镜进行观察，抑或通过录音和录像收听和观看督导对象的工作，其对督导对象工作表现所进行的讨论都是马后炮。对于工作者而言，面询之后再进行督导，他们已经不再像当初那样对问题全神贯注了，而正是在当初进行面询的时候，他们最渴望学到东西。在紧要关头迫切需要获得建议，这种迫切性对于学习是一种有利的因素，然而事后督导可能就使这一学习的有利因素荡然无存。因此，人们做了大量的尝试，运用现代技术，使督导师能够在督导对象的实际面询过程中进行现场督导。

现场督导的主要作用在于：它将更多的督导互动推动到距离工作现场更近的地方，并且使督导员的指点更加直接和及时。通过现场督导，督导对象可以立即检测他们实施督导师建议的能力，并立刻弄清楚当事人对督导师所建议的介入方法有怎样的反应，这一点对学习和督导效果有着重大影响。

第五节　现场督导的优点和缺点

与所有的督导形式一样，现场督导也必须审慎地使用，为此，了解现场督导方法的优点与缺点是很有帮助的。

一、现场督导的优点

根据一些经验性研究成果，现场督导的优点在于：

（1）通过有经验的督导师的指导，个案服务顺利开展的可能性增大了；

（2）现场督导保护了当事人的福祉；

（3）在现场督导中，督导师对督导工作的效果负有更为直接的责任；

（4）现场督导可以防止指导师陷入当事人系统而不能自拔；

（5）通过现场督导，督导对象的学习效果可能更好。

二、现场督导的缺点

现场督导的最明显缺点就是对督导师所要求的时间、设备的花费、给每个有关的人安排合适案例的问题，以及服务对象和受训者对于这种非正统的督导形式的反应。

（1）现场督导耗时、费钱，也难以进行时间上的计划安排；

（2）通过现场督导学到的技巧不一定适用于其他情况；

（3）现场督导可能催生被动消极的督导对象，这样的督导对象缺乏首创性；

（4）现场督导缺乏系统性。

在一项就当事人对现场督导的看法以及对个案服务的满意度所做的调查中发现，只要当事人感觉现场督导所带来的帮助大于其所带来的干扰，那么当事人总体上对现场督导的个案服务形式还是满意的。

第六节 不同情境下的现场督导

现场督导可以在各种情境下进行，而每一种情境都有各自优劣特征。

一、反映小组

反映小组是一种新型家庭工作的团队方法，代表了一种对家庭工作去神秘化的姿态。指导师可以主动寻求团队的反映，比如，"此刻，我想知道团队是否有一些对我们有帮助的想法？"；或者团队也可以提供反映，比如，"我们有些想法会对你们的谈话有帮助"。

就团队来说，反映小组能够使得所有的讨论公开化。因为这一模型中的评论不允许轻描淡写，所以团队成员作为观察者时会更加集中注意力，在进行反馈时也特别认真自律。

反映小组比常规的现场督导团队更有优势，表现在：

（1）反映小组扩散了注意焦点。督导师不再是专家团队的唯一代表，这使他们看起来和指导师是差不多的。

（2）被督导的指导师无须与家庭成员脱离，加入工作团队，最后又重新融入家庭。相反，反映小组模式，无论是身体上还是系统上，指导师都与家庭成员待在一起。指导师可以像家庭成员一样聆听团队的想法并能保持中立的有利立场，便于鼓励家庭成员对团队的评价做出反应。

（3）在常规的团队督导方法中，团队成员会感到有时间压力，而且成员之间的贡献也不均匀。而在反映小组中，反映本身就是干预，因此只需要在指定时间内尽可能地进行发挥。反映小组的价值就在于当团队成员试图从不同角度来分析家庭情境时所作的自我反思。而且，由于小组的框架结构，某一个成员统治整个团队的可能性就大大减小了。

（4）在常规的团体督导中，被督导的指导师是引起猜疑的一个原因，是高高在上的"间谍"，是"有可疑动机的人"。但是，当服务对象亲自听到团队成员讨论时，这种怀疑就消失了。这并不是因为所传递的干预技巧高明，而是由于服务对象看到团队成员为了这个家庭利益而进行的自发互动过程。

二、团体动力学

以团队的方法进行现场督导可能会引起在其他形式的督导中通常不会出现的一些问题和复杂情况。因此，与团体相关的动力学问题必须被注意到，比如，竞争、权力动力关系、冲突，督导师未加控制的团队角色等，所以，督导师必须在团队讨论中，时刻保持对团体动力学的觉察。

建议督导师考虑如下的这些问题：

（1）由于同伴会介入督导过程中，因此指导师一定程度上应该拥有接受或拒绝督导干预的权力。否则，指导师最终就会感到被他们的同伴所操控，从而使团队动力关系更加复杂化。

（2）督导师的责任是将团队的反馈意见综合之后传递给指导师，并确保干预方法与指导师的风格相匹配，"除非指导师的风格本身已经成为问题的一部分"。

（3）团队成员间的竞争是预期会发生的，督导师应对此进行管理。

（4）督导师应该明确哪些人将在会谈间歇中发言。这么做的重要性在于使指导师不会因团队意见的狂轰滥炸而不知所措。

三、现场督导结论

现场督导的应用，代表着技能训练与更加深思熟虑的督导形式的结合。这样做的最大优势就是减小了督导对象的体验与督导师对这一体验的回顾之间的差距。这一优势可能带来的结果是加快了学习进程，提高了对服务对象的服务质量。现场督导的缺点是督导师所需的大量时间、需要配置特定的设备，以及对个案服务关系的侵扰。

现场督导的团队方法在提供了额外的训练可能性的同时，也带来了额外的挑战和潜在的缺点。反映小组的形式使得现场督导沿着顾问辅导线路移动，因此，其也许应该被称为现场顾问辅导。

第九章
社会心理督导案例

督导师能走多远，才能引领督导对象走多远。而每一个被督导的案例，都是督导对象前进道路上的路标。

被督导的案例由北京市社会心理工作联合会第一届督导师培训班学员挑选。本章所讨论的案例包括：一是培训班学员自己工作的案例。二是有工作过程资料供督导时分析使用。三是选择进行中的较难案例，以便将督导的经验反馈到工作之中。四是按照督导师培养的具体目的选择的案例。

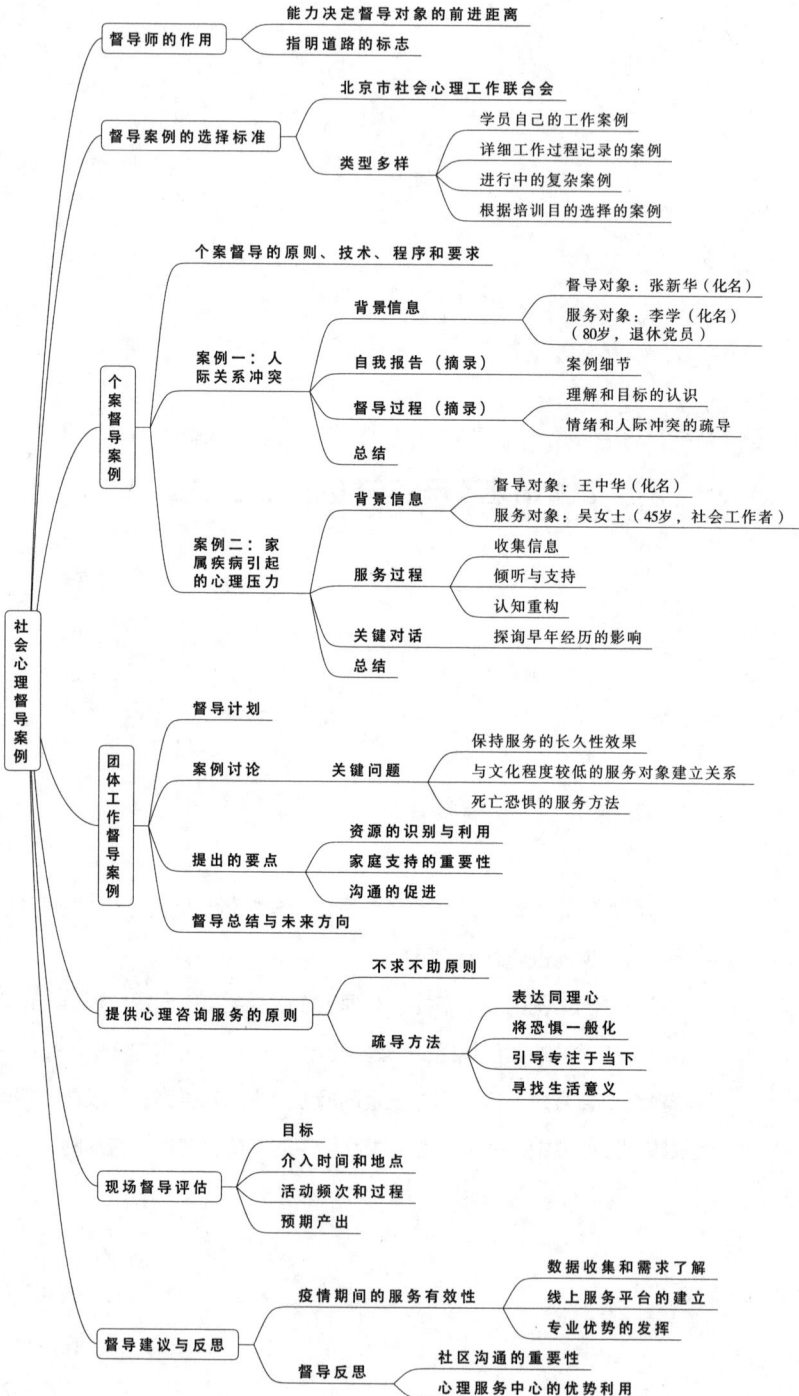

社会心理督导案例
- 督导师的作用
  - 能力决定督导对象的前进距离
  - 指明道路的标志
- 督导案例的选择标准
  - 北京市社会心理工作联合会
  - 类型多样
    - 学员自己的工作案例
    - 详细工作过程记录的案例
    - 进行中的复杂案例
    - 根据培训目的选择的案例
- 个案督导案例
  - 个案督导的原则、技术、程序和要求
  - 案例一：人际关系冲突
    - 背景信息
      - 督导对象：张新华（化名）
      - 服务对象：李学（化名）（80岁，退休党员）
    - 自我报告（摘录）
      - 案例细节
    - 督导过程（摘录）
      - 理解和目标的认识
      - 情绪和人际冲突的疏导
    - 总结
  - 案例二：家属疾病引起的心理压力
    - 背景信息
      - 督导对象：王中华（化名）
      - 服务对象：吴女士（45岁，社会工作者）
    - 服务过程
      - 收集信息
      - 倾听与支持
      - 认知重构
    - 关键对话
      - 探询早年经历的影响
    - 总结
- 团体工作督导案例
  - 督导计划
  - 案例讨论
    - 关键问题
      - 保持服务的长久性效果
      - 与文化程度较低的服务对象建立关系
      - 死亡恐惧的服务方法
  - 提出的要点
    - 资源的识别与利用
    - 家庭支持的重要性
    - 沟通的促进
  - 督导总结与未来方向
- 提供心理咨询服务的原则
  - 不求不助原则
  - 疏导方法
    - 表达同理心
    - 将恐惧一般化
    - 引导专注于当下
    - 寻找生活意义
- 现场督导评估
  - 目标
  - 介入时间和地点
  - 活动频次和过程
  - 预期产出
- 督导建议与反思
  - 疫情期间的服务有效性
    - 数据收集和需求了解
    - 线上服务平台的建立
    - 专业优势的发挥
  - 督导反思
    - 社区沟通的重要性
    - 心理服务中心的优势利用

第一节　个案督导案例

个案督导应当遵循的原则、技术、程序及要求在前面章节中有整体讲解。本节个案督导结合社会心理服务实践及社会心理指导师日常工作，选择具有代表性的、经常化的内容，进行督导示范。

案例1：人际关系冲突

督导对象张新华（化名），岗位身份是社会心理服务站主任，职业水平是初级社会心理指导师。以下是她写的《自我报告》。

自我报告

（一）基本情况

李学（化名），男，80岁，某公司退休职工，腿不好、做过膝盖手术，现在走路还受到一些影响。平时与老伴儿两个人居住，子女不在身边，没有精神方面问题，服务对象虽然身体不好，但能够积极参加党组织活动。李学因在居民群内连续3次发无关视频链接，被党支部管理群的群主移除群聊。

之后在党员会后，李学问："谁把我移除群聊的？你的权力真大，还给我除名了。"党支部书记解释说："你发的内容不合适，作为一个党龄30年的党员，这点觉悟肯定是要有的。"李学表示拒绝，说家里老伴都说了，"人家把你踢出去了，好没有面子。"

书记看到李学老人情绪激动，就说："那既然是误会，我给您道歉，您也给我一个改错的机会吧，我再把您加进去。"然后，书记把做好李学的工作的任务交给心理服务站，要求我做好他的情绪疏导工作。

（二）个案服务过程

个案服务工作中，我发现不论是入户还是在群里发通知，李学老人都不理睬，还和楼门长抱怨自己不受尊重，微信群管理将他踢出群的事。质疑换届选举的流程，也不参加投票。

为了避免与他再次产生矛盾，我让楼门长在群内解释了换届选举的事，楼门长深知我们的矛盾，做了一些个别解释工作，效果并不好。

为了疏导老人情绪，我邀请他来到心理服务站，做了一次会谈交流。老人直言不讳地发表自己的意见。他是好些事情积累起来，因此产生了不满情绪。

我使用的技术是倾听、共情与转变认知，对老人的自尊及情感给予了积极关注与肯定，缓解了他的情绪，老人对社区工作表示了理解，达到了"解决矛盾要大事化小，小事化无，不酿成邻里关系死结"的目标。并表示："以后多沟通交流，群里说不明白，可以见面聊。"

本次交谈一个小时左右，之后我挽着老人的手臂把他送出门，他再三表示感谢，并希望得到心理服务站个人服务。

个案督导过程

本个案督导，主要是为了提升初级社会心理指导师专业能力，指导其胜任岗位。每一名从事社会心理服务的心理工作者，无论其原来是心理咨询师还是社会工作师，都需要接受社会心理服务的持续督导，以解决自己在社会心理工作中遇到的问题、困难，不断提高心理动力。

（一）个案概念化

督导师：简要描述此次个案服务的特点，你这次个案服务所要达到的目标是什么？

督导对象张新华：这是一个简单个案，前期接案是处理李学老人情绪问题，后来成为处理好社区人际关系问题。

督导师：在个案服务中，你了解到的背景信息是什么？哪些是很关键的因素？

督导对象张新华：李学老人是一个老党员，他需要受到来自党支部的尊重。

督导师：你基于当前信息，对本个案的初步概念是什么？

督导对象张新华：书记要求我做好情绪疏导工作，就是情绪管理吧。

督导师：在你工作之后，对书记的要求有什么样的改变吗？

督导对象张新华：是的，书记认为老人需要情绪疏导，但是，工作之中我发现，还有关系处理的问题，就是党支部与党员之间的人际冲突，造成情绪与行为反应。

（二）描述感受

督导对象张新华在个案服务中，如何理解和感受服务对象李学的情绪，与服务对象建立最深层的情感联结，这是最重要的督导环节。

督导师：你在接案中，对于党支部书记的感受是什么样的？

督导对象张新华：我感受到书记遇到难题了，因为李学老人已经造成党支部工作的被动，并且也形成了一定范围内的不良影响。可以感受到书记有一种失败感。

督导师：你对于李学的感受是什么样的？

督导对象张新华：在邀请李大爷来心理服务站时，有一些担心。因为他没有这方面的义务来谈心理。他来到站内时，一开始有不信任感，防备心很强，还有抵触、发牢骚。

督导师：你是怎样让李学转变态度的？

督导对象张新华：这个过程有几个阶段。一是从防御到安全。我介绍心理服务站的情况，说明我们心理指导师主要是为了提高居民生活幸福感，为解决居民心理问题，由政府设置的专门场所。老人明显感到工作人员的亲切，感受到尊重与信任，产生安心感。二是从封闭到开放。开始时，老人是抗拒的，表现出不安全感和自我封闭，在了解到是党支部书记委托我们来解决矛盾，希望得到他的体谅时，他开始同感、坦诚，从担心到自在，我们也感受到彼此接纳支持，开始分享、沟通。

督导师：在可能的范围内，你怎样解决党支部书记的挫败感？

督导对象张新华：是的，下一步我还要找书记，告诉他们党支部工作中注意群众路线的问题，希望他能够把群众看作是自己人，为党员提供服务而不是管理，让党员管理党员，他的工作会轻松很多，我相信他有这种觉悟。

督导师：本次个案服务在多大程度上实现了你的目标？还存在伦理方面的问题吗？需要进行风险评估吗？

督导对象张新华：本次服务后，李学老人通过聊天室，向群里党员作了说明。党支部也对自身工作中存在不足召开党员民主生活会，接受党员批评建议，使双方关系得到缓和，基本上寻找到合适的方法，彻底解决了双方的矛盾。在工作伦理上使用的社会心理工作理论和原则，没有伦理和法律风险，因此不需要评估。

（三）督导总结

对个案服务展开过程进行总结，评估督导对象目标实现效果。总结评价聚焦于督导对象在督导体验中的收获。

督导师：感谢你对我的信任，能够接受此次督导。案例报告很认真细致，指导过程也很顺利圆满，双方关系得到改善。看得出你是一位认真负责、能力胜任的社会心理指导师。我们一起探索一下你在个案服务过程中好的方面和需要改进的不足之处。

1. 探索与反馈

督导师：当书记把做好李学情绪疏导的工作交给你之后，你有什么样的感受和想法？

督导对象张新华：社区服务项目接案，是社会心理指导师常态化岗位职责，我很高兴能为社区建设作贡献。但是，我也深深感受到社区工作的复杂性，几千近万的居民生活在一起，各种矛盾冲突经常发生。

督导师：社区领导人懂些心理学技术，学习更多与居民沟通的技巧，知道服务对象行为产生的动因，以及内在需求，才能多做有效性关系构建。可以建议社区党支部书记从尊重群众、爱护党员的角度转变工作态度，尽力减少"把人家踢出群"这样的破坏性行为，为居民和党员营造和谐生活环境。

2. 收获和反思

督导对象张新华：本次督导过程获益良多，使我从技术、胜任力、情绪觉察等多方面都得到了成长。

督导师：社区心理服务中大量工作是居民冲突中的矛盾化解。督导要提供支持性教育，使基层一线社会心理指导师增加信心，面临问题时培养其正能量；督导工作主要发挥"支持"功能，让社会心理指导师有一种被支持的感觉，缓解负面情绪，时刻鼓励自我探索和能力提升。

案例 2：压力引发焦虑

督导对象王中华（化名），岗位身份是社会心理服务站员工，职业水平是初级社会心理指导师。以下是她写的个案服务过程《案例笔录》。

案例笔录

（一）基本情况

（1）基本信息：个案服务对象吴女士，45 岁，社会工作者。

（2）家庭情况：服务对象自幼父母离异，和弟弟与父亲一起生活，感情很好，非常崇拜父亲。母亲前几年因肺癌去世，现父亲也得了肺癌，由此加剧了情绪焦虑。

（3）教育与工作经历：本地高中。

（4）重要生活事件：父亲病重，情绪焦虑，生怕选择错误耽误了父亲的治疗，不敢说出自己的想法，弟弟说啥是啥。前一段时间父亲进行二次手术（她是不同意的，但又不敢说），术后各种并发症和受罪，使其更加剧了自责，觉得是因为自己的私心和懦弱，又不肯放弃治疗，让父亲承受了太多的痛苦。认为自己总是不能说出自己内心的想法，即便说出来也是会后悔的。

（5）服务对象来访原因：父亲病重，压力大，不知道自己每一步的决定对不对。

（二）评估

服务对象一般情况良好，身体健康。家人关系良好。能够适应社会人际关系。近一月因家人生病而感到压力大前来咨询，属一般心理问题。

（三）工作过程

每周一次，一次 50 ~ 60 分钟，已开展 3 次，使用认知疗法和焦点治疗。

第一次。了解服务对象基本资料。

第二次。服务对象简述自己在父亲病重期间，看到父亲难以忍受的病痛和精神上的折磨，精神几乎崩溃，想到放弃治疗，又觉得对不住父亲，继续治疗又实在不忍看到父亲的痛苦，家中事情从来没有做主过，又得不到家人的理解，还被家人指责。心里矛盾又焦虑。咨询方式：倾听，理解，共情，鼓励服务对象，让她感觉到温暖，陪伴她走过这一段最艰难的日子，给予她支持和力量。

第三次。继续听其倾诉父亲病重带来的压力，并且询问服务对象幼年的早期经历。了解到小时候父亲经常说她"没有主见，总是变来变去的"。后来就开始认定自己是没有想法，没主见的。咨询方式：运用认知疗法和焦点疗法（例外事件），改变服务对象的认知。让服务对象领悟到自己不是没主意，而是不敢表达，担心又被别人指责。或者被别人一说就容易改变自己的立场，是缺乏自信的表现。鼓励服务对象要有信心，要自信，勇敢地表达自己的想法。

（四）关键情景对话

心理指导师王中华：小时候有没有这种事情发生？是什么原因导致自己有这种想法？

服务对象吴女士：小时候父亲经常说自己没主意，总是变来变去。

心理指导师王中华：这让你觉得自己是怎样的？

服务对象吴女士：这让我觉得自己没有主见，我面对事情都是摇摆不定的。

心理指导师王中华：事实上，是这样的吗？有没有例外？

服务对象吴女士：也不是，很多事情我也有自己的想法，只不过被家人打压下去了。

（五）个案结案

服务对象对自己的认知改变，从而减轻了压力，情绪得到了缓解。

个案督导过程

案例记录是督导过程的常规做法。

本个案督导，是为了提升社会心理指导师专业能力，指导其胜任岗位的案例指导。每一名从事社会心理服务的心理工作者，无论其原来是心理咨询师还是社会工作师，都需要接受社会心理服务的持续督导，以解决自己在社会心理工作中遇到的问题、困难，不断提高心理动力。

（一）案例记录核查

核查督导对象在专业、管理、法律方面的记录，包括每次工作过程信息、所采用的干预方法。还需要针对督导目标，引导督导对象进行自我反思。

1. 个案概念化

督导师：简要描述服务对象所提出的问题。

督导对象王中华：服务对象近一月因家人生病而感到压力大，属一般心理问题。

督导师：你这次个案服务所要达到的目标是什么？

督导对象王中华：给予焦虑情绪疏导、减轻压力。

2. 个案重要信息

督导师：个案服务中所讨论的关键问题是什么？

督导对象王中华：服务对象小时候就没有主见，总是变来变去，这可以看作是她的性格特质。

督导师：个案概念化的理论基础是什么？

督导对象王中华：我使用了心理咨询中的综合疗法理论，运用认知疗法和焦点疗法（例外事件），改变服务对象的认知。

督导师：个案服务必须基于一个理论进行概念化，并在个案工作过程中贯穿同一种理论观点。如果必须对这种理论方法进行调整或补充其他方法，那么就要掌握其理论流派技术、整合进来的意义，以及判断这种整合与最初的概念化之间是否协调一致。因此，整合治疗的前提是具有进行整合的能力和需求。就目前这个案例来看，属于简单的焦虑情绪疏导，使用社会心理指导师基本技术中的情绪管理，就可以解决。

3. 强调理论与伦理的重要性

督导师：《中华人民共和国精神卫生法》规定，心理咨询师不能开展精神障碍诊断与治疗，你所说的综合疗法、认知疗法和焦点疗法都属于治疗手段，容易产生概念歧义。你的身份是社会心理指导师，履行社区或街道心理服务站工作岗位职责，你的理论基础属于社会心理工作理论，开展的是专业性心理服务工作。岗位分类清晰，伦理守则清楚，有利于我们履行工作责任，坚守岗位范畴。

（二）自我反思活动

督导师：描述个案服务过程中你有什么样的感受？现在你怎样理解那些感受？

督导对象王中华：服务对象叙述她父亲难以忍受的病痛和精神上的折磨，自己精神几乎崩溃，想到过放弃治疗，又觉得对不住父亲，继续治疗又实在不忍看到父亲的痛苦，我感受到她的纠结与焦虑情绪。直到现在，我依然能够感觉到，家人不理解和被指责时所带来的心理纠结和冲击。

督导师：思考一下你在会谈的这一阶段所做的行为，你的行为目的是什么？

督导对象王中华：我采用了倾听、理解、共情、鼓励服务对象的办法，让她感觉到温暖，陪伴她走过这一段最艰难的日子，目的是给予她支持和力量。

督导师：如果我作为来访者，我会感觉到你有非常好的亲和力，稳重的感觉让我很安心。工作已经开展了3次，还在继续，咨询关系建立得很好。从你描述的与来访者的工作过程来看，也能感受到来访者对你的信任，不知道你有没有感受到呢？

督导对象王中华：是的，我能感到服务对象挺信任我的。我觉得还是挺开心的，更有信心了。

（三）技术总结与反馈

督导师：当你决定使用情绪管理技术工作时，建议为来访者做一个焦虑状态测评。有的来访者自述为焦虑，实际上他们分不清焦虑和抑郁，把自责与担忧混淆在一起，如果没有准确检测定性，很有可能达不到工作目标。同时，来访者情绪问题程度也影响到制定目标，如果是缓解目前的压力，不探讨更深层次，阶段性目标就实现了。如果来访者愿意继续探索自己的深层模式，可以重新制定目标再继续开展工作。找到来访者自身的资源、调动来访者的动力，与来访者一起探索实现目标的可能方法，每次布置相对应的、具体的、可实现的作业。

第二节　团体督导案例

团体督导针对承担社会心理服务项目的机构或者服务站点，为更好地完成任务开展专业训练。也可以为机构内新进入的工作人员、一线初级工作人员及志愿者传授知识与技术，促进集体成长。

案例：困难家庭服务

督导师林生明（化名）是第一批社会心理督导师毕业生，在总督导师参与下，为北京市怀柔区某镇社会心理服务中心提供团体工作督导。

本案采取结构式团体督导。督导对象在团体里提交一个案例，简要介绍服务对象相关背景信息，提出案例具体问题。团体成员观察参与督导过程，培养为困难家庭服务的技能。

（一）准备阶段

督导师林生明制订督导计划。

（1）督导目标。聚焦于督导对象运用社会心理服务基本理论与工作原则，掌握开展社区心理工作中入户指导相关技术与要求。

（2）督导要求。督导对象进行的个案服务中承担的工作，至少学会使用一项专业技术。比如，提高家庭成员间互动的强度。督导对象明确各自个案服务技术必须反映其的发展水平。

（3）教学角色。在本次团体督导中督导师扮演教学角色。在社会心理指导师的个案服务不足时，给予教导、示范，协助督导对象正确地使用社会心理指导技术或加强理论概念，给予鼓励和肯定。

注：林生明被聘请为固定督导师，对团体成员负有教育、管理、支持和评估责任。

（4）时间地点。督导活动每月一次，相对固定为每月第一个周六上午9—11时，共2小时，全年共计10次20小时。地址为该街道心理服务中心。

（5）督导团员。街道中心站点4名工作人员，及本区16名社会心理服务站主任及工作人员。职业水平是初级社会心理指导师。

（6）督导控制。选择合适的督导模型，按有效方式干预个案服务，规范服务流程、强化效果和发展技能，建立团体归属感。

（二）案例报告

以下是督导对象提供的家庭心理服务情况报告。

1. 服务对象及家庭状况

服务对象：张桂珍家庭状况如下。

张桂珍：女，70岁，农村社区居民，没有低保。

丈夫李晚霞（化名）：72岁，患有胃癌晚期，完全丧失劳动能力，经常住院接受治疗。

儿子李春天（化名）：在怀柔区一家饮料公司上班。

儿媳梁红梅（化名）：公司保洁员。

俩孙女：老大初三，一中就读；老二幼儿园中班。

儿子一家四口人每天都和服务对象夫妇有交集，比如服务对象帮忙照顾二孙女，接送上幼儿园，但是儿子一家四口单独居住，两家之间有1千米距离。

2. 接案情况

2019年底，爷爷李晚霞身体不适，检查出患有肿瘤，本来定好过完春节接受手术，但是突然出现的疫情导致服务对象丈夫病情延误，到2020年4月才完成手术，如此一来病人的病情发展很快，给服务对象及其家属造成极大精神打击。李春天一家经济收入有限，而且还要抚养两个孩子，经济上帮不了太多的忙，生活窘迫。

3. 服务对象诉求

服务对象李晚霞生病之后，全家感觉焦虑，甚至有时感觉绝望。希望得到帮助，疏导缓解心理焦虑。服务对象还需要了解一些低保政策问题以及低保申请书的书写规范，希望得到有关方面的政策解读和帮助。

4. 服务过程

针对服务对象面临的焦虑和不安甚至有时绝望的情绪，主要采用的心理疏导方法是缓解焦虑的情绪疏导。

第一次服务：2020年1月。服务对象主动向工作人员哭诉，自己的丈夫得了肿瘤，自己感觉无助，家里有亲人当大夫，说可以不做手术，保守治疗，但是因为病灶特殊可能生命不会很久。问我到底这个手术做还是不做？听了服务对象的诉求，首先我想到的事情是服务对象自决，即在服务对象难以决定的时候，帮助寻找自身资源，建议她与孩子商量决定，同时给予积极关注，使用共情等心理服务技术，给予关怀与支持，使老人情绪有所缓解。

第二次服务：2020年4月。服务对象的丈夫手术出院面临巨额医疗费用和后续治疗费用，服务对象感觉焦虑。我指导帮助她掌握缓解焦虑情绪的方法，通过探索、描述、宣泄的方法，帮助服务对象发泄自己的负面情绪，再通过正向积极的引导疏导服务对象的情绪，促使服务对象正确面对家里发生的变故。

第三次服务：2020年6月。服务对象因为和丈夫沟通不畅，埋怨丈夫给自己增添的负担。我与服务对象探讨人生经历的痛苦也是本人生命的一部分，对人生的成长具有积极的意义，夫妻本有相互扶助的义务，尤其是老年夫妻，儿女不能常常陪伴在身边，老伴生病，夫妻需要互相照顾，相互理解。

第四次服务：近一年后的2021年5月。服务对象哭诉：有朋友邀约一起出去玩，丈夫不理解，不让去。为此，服务对象抱怨其丈夫，甚至说丈夫"还不如死了算了"。针对服务对象这种不理性的情绪，我通过理性情绪疗法帮助服务对象对自己情绪的发生有一个清醒的认知。也包括做一些理性功课。详细记录自己发脾气时候的心情以及是什么事情让自己发脾气。也可以在发脾气的时候及时与指导师沟通。

服务对象因较长时间受其丈夫病痛折磨，加之还要照顾孙女，精神压力很大，每次疏导之后效果都很好，但是也经常出现反复的现象。

5. 督导问题

（1）为服务对象服务的效果如何保持长久性？

（2）与较低文化程度的服务对象如何建立单纯的专业服务关系？

（3）对于死亡恐惧的案例有效的服务方法有哪些？

（三）督导过程

1. 个案概念化

督导师引导团员针对案例报告，提出以下思考问题：对个案最可能的概念化解释是什么？你希望在团体中得到的特定反馈是什么？

督导师林生明：通过讨论，我们从各自视角为本案作了概念化定性，即家庭困难群体情绪疏导问题。尤其是案例报告者提出的问题：如何为服务对象提供长久性服务效果？

（1）家庭困难有基本共性，即家里孩子收入低，或者存在生病家人等。

（2）服务对象关心的是什么问题，到底这个手术做还是不做？即时性的眼前困难，无法解决的无助感。

（3）服务对象在你身上引起了什么感受？听了服务对象的诉求，首先想到的事情是服务对象自决，建议她与孩子商量决定。检视督导对象对个案产生的移情，也存在同情与可怜等情绪，很好地体察到了老人家的自我悲观情绪，使她得到了共情、关注。

（4）长久性服务核心主题是什么？家里孩子有孝心，家人关系融洽，家庭关系好，服务对象拥有珍贵的家庭年轻人支持资源，帮助服务对象看到资源。

2. 竞争反馈

督导师带领团体互动，以融洽、包容、共情、温暖的氛围，促进督导对象的探索、开放与反应，引导团员从社会心理指导师方面进行思考，提出思考结论。如，你喜欢团体中其他社会心理指导师使用的哪种方法？服务对象对社会心理指导师行为的反应是什么？可以提供其他的补充方法吗？使用多人发言和相互竞争策略，激活团体资源，提升团体凝聚力，维护和发展团体氛围。

督导师林生明：要为服务对象提供有效帮助并保持服务效果的长久性，最重要的是找到可以使用的真正资源，激发服务对象自我动力的内在机制。大家认为，本案指导工作做得较好的几个方面如下。

第一，让服务对象有理性认识。看到自己的情绪是上下波动的，但是有些情绪不一定有道理，有些事情是迁怒于人，原因可能是力不从心，要对自己的力不从心有足够的了解。

第二，遇到服务对象力不从心怎么办？要让服务对象自己认识清楚，加强与亲人的沟通与交流，得到亲人的支持。让服务对象敢于和家里的亲人交流真实想法，得到家里人的认可和支持。

第三，促使服务对象加强与孩子的沟通，首先得到孩子的支持与理解，全家共同努力，改善服务对象与重要家人的关系且促使其情绪问题得到有效缓解。

3. 促进反思

引导团员从督导会谈中观察、思考和推动得出结论，促进任务的完成。督导者要帮助团体形成一个安全支持、开放，能够互相学习的团体。

督导师林生明：本案中因生病带来家庭困难，导致家人出现情绪压抑和家人矛盾等问题，属于农村社区比较普遍的问题。当社会心理指导师在农村地区为文化层次比较低的服务对象开展专业服务时也存在许多难题。面对这些应该怎么做呢？

第一，与服务对象达成共识。就像本案属于家庭事务，需要私下里解决问题，这种事情要做到保密。指导师与服务对象商量好的解决方法，双方都要负责任地落实。

第二，尊重服务对象自决。服务对象的文化程度不高，有时候做事情或对家庭关系的理解习惯缺少边界，如把照料生病老伴的关系，与接送孙女等日常需要混为一谈，形成自我矛盾心理。此时，要相信老人有理性分开两种不同关系，把照顾老伴放在前面，与子女之间把话说开了，达到相互理解。

第三，如何向农村地区普及心理知识，建立积极人际关系？参加督导的团员一致认为，本案服务对象自我边界不清，需要为服务对象讲清楚没有办法只关注一个人，也不可能同时关注很多人，每个人关系再好也是独立的个体，能够与他人互相交流不代表不关心你的事情。团员在讨论这个问题的时候，使用了很好的比喻。如，桌子上放了很多东西，如苹果、梨、香蕉、西瓜等，一个人吃这些水果要一样一样地吃，不能同时都放在嘴里。可以先吃苹果，再吃梨子等。其实，每件事物之间的联系，有先后顺序，对于服务对象也一样，帮助其建立边界清晰的关系，彰显自我的存在。

4. 总结答疑

团体成员评价已完成的督导过程，共同分担责任目标实现情况、后续工作的指导。督导对象评价为实现团体目标付出的努力与贡献，自身的发展，今后学习的方向等。

督导师林生明：基于你对服务对象的理解，你认为这次团体督导还需要厘清哪些问题？是否完成了督导目标？

团员 A：本案是否可以使用心理咨询方法进行？

团员 B：针对本案服务对象，有可能涉及精神层面的问题，在关系建立后，可不可以安排转介到医院治疗？

团员 C：指导师要与精神科医生建立工作联盟，共同做好老人的心理健康辅导工作。

团员 D：对老人思维模式问题，就是要鼓励老人多参加团体活动，将兴趣和心理学习成长结合起来。

团员 E：在老人有支付能力和意愿的情况下，中心可以提供低收费的心理咨询服务。

团员 F：对于死亡恐惧有效指导方法有哪些还没有涉及？

督导师林生明：我们必须厘清社会心理服务与心理咨询的本质区别。首先，本案是一个社会心理服务站工作个案，通过一般心理指导流程，接案、预估、个案概念化、指导计划、介入、结案，顺利地完成了个案服务，属于社会心理服务站岗位职责范畴，无须缴纳服务费用。个体咨询需要缴纳咨询费，按照"不求不助"原则提供个体咨询服务。其次，本案服务对象有无精神层面的问题？可不可以安排转介到医院治疗？与精神科医生建立工作联盟，共同做好老人的心理健康辅导工作。其中，具有很大的"陷阱"需要团员关注。无论是心理咨询还是心理指导，都不允许做精神鉴定或者主动要求服务对象去精神病医院治疗；更不能以心理健康辅导为名，与精神科医生建立联盟。这样做有推脱工作责任之嫌，也违反了《中华人民共和国精神卫生法》规定。最后，针对服务对象的恐病和死亡恐惧，心理疏导方法如下：第一步要有同理心。"已经查出癌症，这种情况是令你非常担忧的。"第二步一般化。"死亡是每个人都有的恐惧，所以害怕是正常的现象。"第三步将注意力集中于当下。"人生百年，如何活着更有意义，每一个人都有答案。"让服务对象说出自己的心路历程，经历过什么，把正面信息收集起来，"你的一生是值得的、有价值的。"第四步得出结论，让你的生活品质有所提升，给自己和亲人带来良性的影响，这样目标更有意义。

第三节　现场督导

督导师在专业的机构完成培训后，需进行现场督导实践。

案例：疫情下社区心理服务

通过现场督导，督导对象可以立即检验督导师的建议，并立刻弄清楚督导师所建议的方法有怎样的效果。

（一）现场督导五要素

（1）督导目标。疫情防控下不能进入社区收集数据，如何调研心理服务需求更有效？

（2）介入时间与地点。为了开展现场督导教学，由督导师推进到某街道社会心理服务中心工作现场，使督导教学更加直接和及时。

（3）督导活动频次。

（4）督导活动过程。

①督导工作理论。

②督导技术。指导、评价。

③督导方法。关系建立、倾听、指导工作意见。

（5）预期产出内容。提升调研工作技能、心理服务站工作质量。

（二）督导报告

街道社会心理服务中心：社区疫情防控很严格，心理服务站工作处于暂停状态，目前，主要采用平台调研方法，分别用问卷星、问卷网收集数据，还选择了5种渠道了解民情：微信群特定人群、在线渠道社区大众、关键岗位访谈、目前人群小组座谈会定性数据采集、代表居民预约面访等。

街道社会心理服务中心的调研是按照以下方式展开的：为了了解社区内居民的心理健康服务需求，我们采用专业市场调研的方法，进行了对比性问卷调研。共设计了两份问卷，一份面对社工，另一份面对辖区广大居民。分别从社工目前心理状态及需求、居民对街道社会心理服务中心的认知、对心理健康服务的需求和期盼展开。

（三）督导意见

督导师：随着新冠疫情防控进入常态化，社会心理服务需要及时介入居民生活之中。

根据中央和北京市疫情防控工作指引，社会心理服务采取以下措施来继续推进工作。

（1）掌握群众情绪，维护心态稳定。大疫大灾往往导致人心不稳、社会失序，使抗疫抗灾雪上加霜。因此，采用问卷星、问卷网和微信群、访谈等形式采集数据是可行的。代表居民预约面访等尽量少用。在面对居民的问卷设计中，既要包括各类心理问题，为有针对性的心理疏导和干预提供指南，也要掌握群众生活需要和各种矛盾，维护生活秩序、工作秩序等，防止在执行管理规定中出现过头行为，保持社会秩序正常。

（2）搭建专业平台，"网上安心家"。在疫情防控情况下，群众减少了群集活动。见面少了，容易出现沟通困难，发展到网上牢骚盛行的问题。社会心理服务要面对社区居民，进行心理服务宣传推广工作，运用整合传播的方式，如用新闻媒体、微信平台、公众号专栏、地面展架摆放等方式，让居民知晓心理服务平台可以提供广泛的心理服务，使居民在"网上安心家"。社会心理指导师要建立微信群与居民交流，营造强信心、暖人心、聚民心网络氛围。

（3）既收集数据，又展示心理指导。有5种渠道收集数据，就至少有5种渠道开展工作。街道社会心理服务中心最大的优势在于全职心理咨询师的丰富经验和专业背景，擅长咨询方向分别为亲子关系、青少年、女性、老人方面，所以，在微信群特定人群、在线渠道社区大众、关键岗位访谈、目前人群小组座谈会中，要做好心理服务中心的品牌宣传，运用展架、平面展示等方式，展示心理服务中心的专业优势和服务情怀，便于居民了解和在寻求帮助时，快速找到与自己求助方向相匹配的心理指导师。

（四）督导反思

首先在社会心理指导师理论和社会心理服务站的服务职能与功能基础上，与督导对象探讨该中心的发展思路、框架、人员结构、服务方式等。其次就服务站具体如何与街道、社区沟通，如何与街道、社区合作进行需求调研等问题做了回答。督导师首先强调了与街道社区沟通融洽的必要性，作为社区街道的社会心理服务中心，我们要沉下去抓第一需求，让街道和社区了解我们的工作目标，结合街道、社区的痛点，或者是久拖无解的难点，用心理技术帮助社区和街道，解决难题，服务大众。

在此次督导过程中，感觉社区的社会心理服务中心负责人，工作热情非常高，有强烈的助人情怀。他们很希望持续得到社心联在业务指导、个人成长等方面给予的指导与支持。

做得好的方面是能够快速与对方建立关系，并能澄清对方需要被督导的问题与目标。

督导过程中应用了倾听、共情等技术，站在对方问题的背后去理解体会被督导的实际需要，并有效地提供解决方案，给予指导性的意见。

第十章
社会心理服务站点标准化建设

北京市《社会心理服务站点服务规范》（DB11/T 1850—2021）于 2021 年 10 月实施。根据标准文件规定，依托社区（村）、街道和各单位或社会组织等设立心理服务场所，心理服务场所属于独立运营主休，在规定的区域内承担为群众提供心理服务的职能。服务站标准化建设包括标准化硬件设施、标准化工作程序、标准化服务形式、标准化管理和标准化督导，服务站的日常运行具备基本保障、基本力量、基本模式和基本方法四项基础保障。本章主要阐述开展心理服务站点建设督导的四项内容。

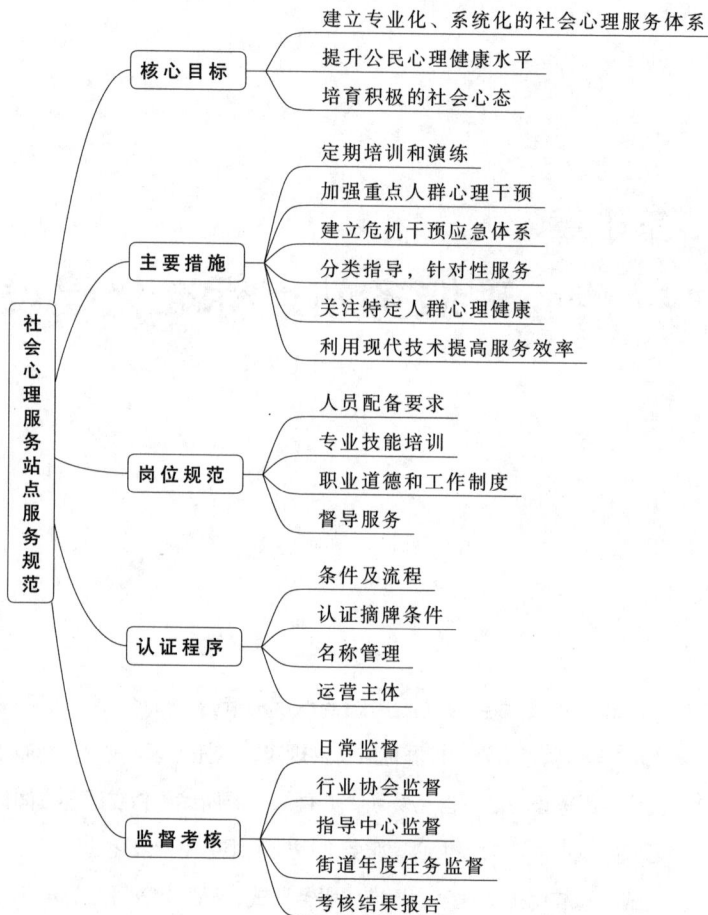

社会心理服务站点服务规范

核 心 目 标
- 建立专业化、系统化的社会心理服务体系
- 提升公民心理健康水平
- 培育积极的社会心态

主 要 措 施
- 定期培训和演练
- 加强重点人群心理干预
- 建立危机干预应急体系
- 分类指导，针对性服务
- 关注特定人群心理健康
- 利用现代技术提高服务效率

岗 位 规 范
- 人员配备要求
- 专业技能培训
- 职业道德和工作制度
- 督导服务

认 证 程 序
- 条件及流程
- 认证摘牌条件
- 名称管理
- 运营主体

监 督 考 核
- 日常监督
- 行业协会监督
- 指导中心监督
- 街道年度任务监督
- 考核结果报告

第一节　服务范畴

在街道、社区（村）建设社会心理服务中心（站），搭建基层社会心理服务平台，推进社会心理服务体系建设，最终把社会心理服务纳入基本公共服务系统，提升人民群众的幸福感、获得感和安全感，提升人民群众的生活品质。因此，要加强对社会心理服务站点的指导原则、基本任务、服务内容等的督导，确保其遵循正确的发展方向。

一、根本原则

（一）坚持党的领导

把社会心理建设作为树立社会主义核心价值观、构建和谐社会的大事来抓。坚持党委领导、政府负责、社会协同、公众参与，充分发挥专业组织的骨干作用，广泛动员社会力量参与，促进社会心理服务体系科学、规范、有序发展。

（二）坚持以人民为中心

始终把切实解决广大人民群众最关心最直接最现实的社会心理问题当作出发点和落脚点，不断满足人民日益增长的美好生活需要，不断促进社会公平正义，推动形成有效的社会治理、良好的社会秩序，增强人民的获得感、幸福感、安全感。

（三）坚持问题导向

始终把切实解决普遍性、倾向性、群体性社会心理问题当作着力点，正确宣传党的路线、方针、政策，全面普及和传播心理健康知识，科学引导社会心理预期，加强人文关怀，强化心理健康教育，消除对心理问题的偏见与歧视，预防和减少极端案（事）件发生。

（四）坚持共建共享

始终把关注个体差异、满足不同需求当作基本方法。既注重培育健康向上的社会心态，注重不同群体的心理疏导，也注重个体心理干预，把社会心理服务做细做实。

二、基本任务

（一）普及心理知识

将社会心态建设纳入基层社会治理体系，统筹运用政策宣传、道德规范、法律法规、心理疏导等手段解决社会心理冲突、化解社会矛盾。

（二）提升生活质量

培育积极向上的社会心态，综合运用心理服务、心理疏导、心理干预等手段，理顺社会情绪，平和社会心态，规范社会行为，化解社会矛盾，防控社会风险，引领社会价值，促进社会公平正义，提升人民群众生活质量。

（三）化解社会矛盾

在社会服务管理中，准确把握各类群体的利益诉求和心理需要，提升公共服务满意度，切实解决实际问题，从源头上预防和化解社会矛盾。

（四）推进社会治理

运用心理学的知识和方法开展社会治理，对多发易发问题进行及时有效干预，减少社会矛盾的发生。

三、工作内容

（一）心理知识宣传与普及

应针对学生、教职工、家庭、青少年、老人等开展心理健康科普宣传、心理教育，心理知识及理念宣传及教授常见问题处理方法技巧等。线上进行活动宣传招募，工作经验学习分享，成果展示宣传，国家、省及市级最新政策、资讯新闻及活动信息交流等。线下组织开展心理讲堂、团体心理活动、心理知识竞赛、心理服务成果展等。要充分利用数据库、融媒体等模式传播心理知识，提高公众心理素养，践行社会主义核心价值观。在重要社会事件宣传中要坚持正确的舆论导向，营造和谐稳定的社会情绪氛围。

（二）积极营造理性氛围

要把增强人民群众的幸福感、获得感和安全感，作为社会心理服务体系建设的重要任务。应重点关注遭遇重大变故、重大事件等仍处于心理危机中的重点人群和有不良情绪及行为人群。应提供心理预防、危机筛查、转介等服务内容，助力社区各类人群解决心理问题，提升心理健康水平。应引导居民群众依法理性处理问题，实施有效的心理疏导与干预。引导公众学会调适情绪困扰与心理压力，提升理性行为与乐观情绪水平。

（三）加强社会心态监测预警

应充分利用服务站点管理平台，运用互联网、物联网和大数据、云计算等现代科技手段，培植心理测量、心态监测和心理危机评估等理念，开展居民心理健康评估、社会心理风险评估，建立和完善社会心态主动预警与评估制度。调查个体心理困境特征与程度，掌握各类群体心理健康水平，对抑郁、焦虑等心理障碍和自杀危机开展评估。运用互联网、物联网和大数据、云计算等现代科技手段，了解社会情绪与行为倾向，提升对社会矛盾冲突、重大敏感问题等影响社会稳定因素的分析与监测能力。

（四）积极援助和干预心理危机

坚持预防为主、防治结合、重点干预、专业科学、广泛覆盖的原则，建立和完善心理健康服务、心理热线服务、心理评估、心理治疗、精神治疗等衔接递进、密切合作的心理危机干预体系，引导公众依法理性处理问题，从源头防范和降低社会风险。将心理危机援助和干预纳入各类突发事件应急预案，加强心理危机干预和援助队伍的专业化、系统化建设，定期开展培训和演练。加强重点人群的心理干预工作，重点关注遭遇重大变故、重大事件的人群。加强严重心理疾患及精神障碍群体的心理干预工作。建立健全突发公共事件危机干预应急体系，提高保障公共安全和处置突发公共事件心理危机的能力，降低突发公共事件的心理危害程度，促进危机后心理健康重建。

（五）坚持分类指导

有针对性地开展各类人群社会心理服务。鼓励各机关、企事业单位和其他用人单位结合实际需求制订实施心理指导方案，建立员工心理档案，为员工提供心理健康宣传、心理评估、教育培训、心理指导等服务，传授心理压力调适方法，普及抑郁、焦虑等不良情绪疏导常识，为员工心理素质提升创造条件。对处于特定时期、特定岗位，经历特殊突发事件的员工，及时进行心理指导和援助。

（六）全面加强青少年心理教育

鼓励各级各类教育机构关注学生心理健康，加强对离异家庭、贫困家庭及受欺凌儿童的心理关怀，对有心理援助需求的学生建立心理档案。学前教育机构要关注和满足儿童心理发展需要，保持儿童积极的情绪状态，营造心理健康成长环境。特殊教育机构要针对学生身心特点开展心理教育，注重培养学生自尊、自信、自强、自立的心理品质。中小学校要重视学生的心理健康教育，培养积极乐观、健康向上的心理品质，促进学生身心健康发展。高等院校要积极开设心理教育课程，开展健康有益的团体活动；重视提升大学生的心理调适能力，使其保持良好的适应能力，重视自杀预防，开展心理危机干预。共青团、妇联等组织要与学校、家庭、社会携手，广泛运用新媒体方式，开展"培育积极的心理品质，培养良好的行为习惯"的心理健康促进活动，提高青少年自我调适能力。

（七）关注老年人、妇女、儿童和残疾人心理健康

养老驿站、残疾人福利机构、康复机构、社会救助机构，以及妇女和儿童保护机构，要积极引入心理服务，设置专业岗位、培训专业心理工作者，为空巢、独居、丧偶、失能、失智、留守等老人和计划生育特殊家庭，残疾

人及其亲友，孕产期、更年期、遭受性侵或家暴等妇女，流动人口、留守妇女和儿童、单亲家庭、失独家庭、失独失婚妇女、强制隔离戒毒人员未成年子女等心理困境群体，提供及时有力的心理支持、康复等服务。

（八）重视特殊人群心理健康服务

要关心流浪乞讨人员以及服刑人员、刑满释放人员、强制隔离戒毒人员、社区矫正对象、社会吸毒人员等特殊人群的心理健康，健全政府、社会、家庭"三位一体"的帮扶体系，加强心理疏导和危机干预，提高其承受挫折、适应环境能力，帮助其融入社会，预防和减少极端案（事）件的发生。

（九）加强严重精神障碍患者服务工作

建立健全精神卫生综合治理机制，多渠道开展患者日常发现、登记、随访、危险性评估、服药指导等服务。动员社区组织、患者家属参与居家患者管理服务。做好基本医疗保险、城乡居民大病保险、医疗救助、疾病应急救助、生活救助、残疾补贴等制度的衔接，做好在册严重精神障碍患者的社会救助工作，大力推广"社会化、综合性、开放式"的精神障碍康复模式，做好医疗康复和社区康复的有效衔接。

第二节　岗位规范

对站点工作岗位提供督导，以提升居民心理健康水平，培育自尊自信、理性平和、积极向上的社会心态为核心目标；明确站点工作围绕社会心理服务体系建设，创新社会治理举措，在社会心理服务站专业人才、管理队伍和组织领导力等方面，不断加强专家＋机构建设，确保工作措施、内容和目标始终围绕扎根基层开展科普宣传、提供心理援助和开展行业心埋指导。

一、人员及岗位

（一）基本要求

社会心理服务站点应按照服务需求，配备社会心理指导师，作为心理服务站点工作人员，每个站点专职人员应至少2名。

（二）专业资质

站点工作人员应为接受过培训、具备良好的职业道德，获得社会心理指导师证书的人员。仪表端庄，使用文明语言。熟练使用心理学知识和专业技能，热心社会心理服务工作。

（三）服务准入

承接政府购买的社会心理服务项目，必须具备在社区开展心理专业服务能力，并通过相应级别的社会心理专业机构的能力评审，才能获准在区域内开展社会心理服务工作。

（四）专家督导

站点应导入督导服务机制，引入社会心理督导师加入服务队伍。督导师应通过专业培训和行业公示，能够督导检查站点开展科普宣传、心理支持、心理疏导等社会心理活动，对人员和工作提供技术支持和专业指导。

二、工作制度

社会心理服务站点应建立实施并完善以下基本制度。

（一）工作制度

办公室日常管理、来访者接待评估、咨询师工作规范、案例记录与督导。

（二）培训制度

有计划地开展理论培训、技术培训、督导培训。

（三）职业道德规范

熟知社会心理工作有关法规制度，严守保密原则和知情同意原则，遵守社会心理职业伦理与职业责任。

（四）档案管理制度

应建立社会心理服务档案，心理档案宜使用电子档案，实行动态管理，加强档案信息安全管理。做好档案资料的分类、鉴定、归档、整理、管理、移交、销毁等工作。

（五）设备管理制度

明确设备的使用、管理和维护要求，确保其处于完好状态。

（六）信息保密

社会心理服务站点所有工作人员应对来访者的谈话内容、心测材料和其他隐私信息予以保密。因工作交流、科学研究、教学等原因确需引用案例时，应进行技术处理，不可公开来访者的真实姓名、单位、住址等信息。

（七）安全与应急

应建立安全应急处置机构、组建突发事件应急处置工作组，配备专兼职安全与应急管理工作人员，明确工作职责、保持联系畅通。应建立安全与应急处置机制，建立健全自然灾害、安全事故、信息泄露等各类安全应急预案，并定期组织教育培训和演练。应定期开展安全检查，对发现的问题有记录、有追踪、有整改措施。

（八）评价与改进

可委托第三方对社会心理服务站点进行评价。定期组织人员对督导对象的现场服务进行跟踪记录、指导其关注服务满意度与投诉情况进行自查。统计、分析评估结果，并根据评估结果对存在的问题和不合格项进行分析，查找原因，采取整改措施，持续改进服务。

三、建设过程

（一）新建流程

新建站点是指在街道和社区，运用专有场所、专业器材和专门机构，新建站点。政府按照简化流程、提高效率、确保质量原则，按下列流程执行建设任务。

1. 组织申报

发布通知新建任务站点，动员街道（乡镇）、社区（村）及专业机构，根据规划安排，积极向辖区党政部门提出新建申报，由职能部门组织评选和审定。

申报要素如下：建设主体［街道（乡镇）或社区（村）］、具体选址、建设类别（中心或站）、服务地域范围。若申报过程中，关键要素发生变更，则视为撤销原申请，提出一项新的申请，需要重新进行申报。

2. 申报材料

（1）如实、规范填写的社会心理服务站点新建申报表；

（2）选址的房产证明以及建设场地平面示意图；

（3）申请主体证书，对申办工作人员的授权书，具体负责工作人员的身份证明材料。

3. 组织评审

部门初审。按照时间要求，由区县级主管部门完成初审，并将拟新建站点申报表报批。

专家评审。初审完成后，市对各区县初审结果组织专家评审，确定服务站点建设名单。

4. 硬件建设

根据《社会心理服务站点服务规范》（DB11/T 1850—2021）要求，积极开展硬件建设，确保完成任务。

5. 服务委托

申报建设主体如不具备专业能力，应选定专业机构并签订委托运营协议，确保站点建设专业化。

6. 督查验收

督导专家组对服务站建设情况进行项目督查，发现问题及时责令整改。结项时，市组织督察组按照《社会心理服务站点新建验收标准》完成验收评估。各站点还应配合市政府督查室、绩效办做好督查验收工作。

7. 信息公开

对验收合格的新建站点，统一制发铭牌，纳入全市社会心理服务站点体系进行统一管理。在市政府官网和区县政府官网，分别对建成社会心理服务站点的名称、地址、联系电话、服务时间、运维机构名称等信息，及时向社会予以主动公开。

（二）站点体系

规划建立省（直辖市、自治区）—市（县、区）—街道（乡镇）—社区（村）四级社会心理服务工作体系。

1. 省（直辖市、自治区）级心理综合基地

由市社会心理服务促进中心负责日常管理，面向全市站点进行业务指导、服务督导、人才培养，发挥在社会心理服务方面的应用研究、业务创新、对外交流、示范引领、服务群众等作用，积极推进专业社会心理服务机构的孵化培育。

2. 市（县、区）级心理指导中心

各区规划建设社会心理指导中心，主要职责是：

（1）发挥示范引领作用，推动建立健全本区社会心理服务体系；

（2）指导、督导和管理全区服务站点，建立健全考核激励机制；

（3）协助职能部门培育孵化专业心理服务机构；

（4）培养社会心理指导人才队伍；

（5）组织开展社会心态监测；

（6）协助政府做好指导本区突发事件心理危机干预工作。

3. 街道（乡镇）心理服务中心

每个街道（乡镇）建设 1 个社会心理服务中心，主要承担以下职责。

（1）开展示范服务，推动辖区心理服务站点规范化、专业化发展，积极参与社会治理；

（2）面向辖区单位和居民开展社会心理服务，包括心理知识宣传与普及、心理疏导、团体心理辅导等；

（3）指导、督导、管理辖区内社区（村）社会心理服务站；

（4）培养心理专业人才队伍；

（5）配合组织开展社会心态调查，并逐步自主开展社会心态监测；

（6）为辖区居民建立心理档案。

4. 社区（村）社会心理服务站

由街道（乡镇）统筹，再综合考虑交通便利、人员密集等情况和服务需求、服务半径等因素，可规划设立若干社区（村）社会心理服务站，逐步织密全市社会心理服务平台网络。主要承担以下职责。

（1）面向辖区单位和居民开展社会心理服务，包括心理知识宣传与普及、心理疏导、团体心理辅导等；

（2）积极参与社区治理；

（3）为社区工作者赋能，提升其心理服务能力；

（4）配合组织开展社会心态调查；

（5）为辖区居民建立心理档案。

第三节　建设标准

一、场所设置

（一）场地要求

社区（村）社会心理服务站专用面积原则上不小于 20 平方米；社会心理服务中心专用面积不小于 60 平方米，且自身面积足够安排或周边有可无偿使用的配套设施，能满足召开会议、组织培训、开展团体活动的需求。选址要就近以便服务居民，适宜开展社会心理服务。避免设立在采光、通风不良，私密性不好或者完全地下空间。优先使用自有产权房屋或政府无偿提供房屋，具有免费、可持续性。

1. 装饰要求

社会心理服务站点新建可简单粉刷和进行卫生环境整理，增加标识和制度上墙，不得搞高档装修。内部要有统一标牌标识，外部应有引导标识，设置要科学、合理、醒目、连续，便于寻找。

2. 布局要求

结合场地实际情况，社会心理服务站可以是独立的一个区域，用于放置设施设备和开展个体或团体活动；社会心理服务中心在功能上可以划分为：办公接待区、个体心理指导区、团体心理活动区和培训区。各区功能规划如下：

（1）办公接待区：用于社会心理服务站点工作人员办公及接待来访者。

（2）个体心理指导区：应为独立区域，针对有需求的个体，由社会心理服务专业人员为来访者提供专业心理服务。

（3）团体心理活动区：针对社区居民普遍性的社会心理服务需求，利用团体活动的形式，为居民提供有针对性的社会心理服务。

（4）培训区：用于开展社会心理指导人才培训。

（二）设备配置

社会心理服务站可主要配置专业设备。社会心理服务中心配置的设备包括基本设备、通用设备、专业设备等。根据区域大小和实际需要，选择使用不同的设备。

1. 基本设备

办公桌椅、文件柜、必要的办公用品等。

2. 通用设备

电脑、打印机、电话、钟表等。

3. 专业设备

电化教学视频会议系统、个体咨询座椅、沙盘设备、团体辅导工具包等为必备设备。参考选用设备：鼓圈用品、心理素质训练工具包、艺术疏导工具包、宣泄墙及宣泄人、团体辅导工具包、心理测评管理系统、心理服务网站系统、心理健康 App 系统、心理档案管理系统等。

（三）基本制度

1. 工作制度

办公室日常管理、来访者接待评估、咨询师工作规范、案例记录与督导、转介等。

2. 培训制度

有计划地开展理论培训、技术培训、督导培训。

3. 职业道德规范

熟知社会心理有关法规制度，严守保密原则、知情同意原则，遵守社会心理职业伦理与职业责任。

4. 档案管理制度

做好档案资料的鉴定、归档、整理、管理、移交、销毁等工作。

5. 设备管理制度

做好设备使用、管理和维护工作。

6. 投诉制度

及时有效地处理服务对象的投诉及意见建议。

二、认证站点

（一）鼓励支持

各级相关政府主管部门应积极鼓励和支持有条件的企事业单位、社会组织、社工机构等，充分利用自身社会心理专业人才资源和已有心理服务设施资源，为社区居民和辖区单位开展公益性、普惠性社会心理服务。

（二）认证程序

主管部门对自愿提出申请、愿意纳入全市社会心理服务站点体系管理的，可以按如下程序进行认证。

（1）签订服务意向协议。申请人先与本机构所在地或其相邻的街道（乡镇）或社区（村）进行接洽，签订社会心理服务意向协议，明确申请认证的种类（社会心理服务中心或社会心理服务站）。

（2）提出认证申请。申请人和相关街道（乡镇）或社区（村）等社会心理服务站点建设主体联合向区委社会工委区民政局正式书面提出认证申请。

（3）市（县、区）级初审。区相关部门在20个工作日内完成初审，通过后及时报送相关部门。

（4）专家评审。组织专家对认证申请进行现场评审答辩。

（5）社会公示。对专家评审通过的申请，市委社会工委市民政局通过官网向社会公示，公示期为15天，听取社会意见。

（6）发牌认证。相关部门对社会公示中无异议，且符合条件的申请，予以评审通过并在官网公布，统一制发铭牌。

（三）申证管理

（1）如实、规范填写认证申请表，并按要求真实、全面地提供相关证明材料。

（2）具有法人身份：即取得国家合法登记注册的企业、事业单位或社会组织。

（3）具有专业资质：即机构具有从事社会心理服务的资质，如在机构名称、业务范围中包含与社会心理、心理咨询、心理服务等相关内容。

（4）具有专业团队：即机构2个以上工作人员具有从事社会心理服务的专业能力，近2年有开展类似社会心理服务工作的经历。

（5）具有可持续服务能力：即机构已登记成立2年以上，现有场所能满足长期提供社会心理服务的条件要求。

（6）具有合法服务能力：近3年没有因违法违规受到过行政处罚。通过相关系统查询显示具有良好的诚信记录，社会组织获得3A及以上等级评定者优先。

（7）具有明确的服务对象：机构所在地或其相邻的街道（乡镇）或社区（村）尚未建立社会心理服务站点，且相关街道（乡镇）或社区（村）认可该机构并与之签订了社会心理服务意向协议。

（四）享有权利

认证挂牌的社会心理服务站点除不享有新建费用外，与其他社会心理服务站点一同享有以下基本权利：

（1）纳入各级社会心理服务体系；

（2）在签约街道、社区（村）开展社会心理服务工作；

（3）获得各级政府相关部门对社会心理服务的相关扶持政策支持；

（4）可优先参加社会心理服务站点的委托运维；

（5）参加社会心理服务站点星级评定。

（五）履行义务

认证挂牌的社会心理服务站点应履行以下基本义务：

（1）服从政府相关部门社会心理服务体系建设工作安排；

（2）服从政府相关部门社会心理综合服务基地和区社会心理服务中心管理；

（3）积极为辖区居民和单位提供社会心理服务；

（4）自觉接受群众监督、社会监督和有关部门的监督检查。

（六）注销摘牌

认证社会心理服务站点符合下列条件之一，按原认证程序，经签约街道（乡镇）或社区（村）同意、所在区级相关部门认可，由市级政府相关部门及时予以摘牌并向社会公示。

（1）弄虚作假骗取申请认证的；

（2）主动书面提出申请，自身不愿继续被纳入社会心理服务站点的；

（3）因严重违法违规受到行政处罚、因自身管理不善发生重大事故，或因自身原因造成广泛不良社会影响的；

（4）所签约的街道（乡镇）或社区（村）都不再续约，或者独立成立了社会心理服务站点的；

（5）因住所搬迁、业务范围调整、合并分立、撤销注销等原因，客观上无法继续为所签约的街道（乡镇）或社区（村）提供社会心理服务的。

三、名称管理

（一）管理权限

市政府相关部门负责监督管理社会心理服务站点名称的规范使用和审定，并管理区级社会心理服务指导中心和纳入市政府重点民生实事项目的社会心理服务站点的名称，以及由其认证的社会心理服务站点的名称。区政府相关部门负责审定和管理其他社会心理服务站点的名称。

（二）命名原则

社会心理服务站点只准使用一个名称，并不得与已有其他站点名称相同。社会心理服务站点名称在申请后一经审定，不得擅自改动。社会心理服务站点对外开展服务时要使用规范名称。

社会心理服务站点命名应简洁、易懂，体现社会心理服务特色和具体服务地域范围。

社会心理服务中心名称应当冠以所服务地区和街道（乡镇）名称。社会心理服务站名称应当冠以所服务的街道（乡镇）和社区（村）名称。

特殊情况下，根据需要可以在街道（乡镇）、社区（村）名称之后，增加标识站点服务特色的、由2个以上汉字组成的词组。

示例：丰台区卢沟桥（街道）社会心理服务中心，卢沟桥（街道）民岳家园社区社会心理服务站，××区××街道心阳光社会心理服务中心。

（三）名称限制

社会心理服务站点名称应当符合法律法规的规定，不得含有下列文字和内容：

（1）冠以"中国""全国""中华"等字样；

（2）有损于国家、社会公共利益的，违背社会道德风尚，带有封建迷信色彩的；

（3）可能对公众造成欺骗或者误解的；

（4）已被撤销的社会心理服务站点的名称；

（5）其他法律法规及相关政策文件规定所禁止的。

第四节 运营主体

一、主体责任

（一）四级主体

（1）各级政府相关部门为管理主体。负责制定和颁发政策制度，部署年度建设和工作任务，分配社会建设专项资金指标，委托专业机构实施资质审查和五星等级评定，做好奖优汰劣。组织开展年度重要民生实事项目的绩效考核。

（2）街道（乡镇）职责部门为建设主体。负责社会建设专项建站资金落实到位，安排年度项目，委托专业机构审查心理服务机构资质，签订专业机构委托服务合同，监督各项建设指标和服务任务落实。

（3）社区（村）党组织共建主体。在完成站点硬件建设后，社区（村）党组织与专业机构合作，并负责站点运营和管理的监督。

（4）专业社会心理服务机构为运维主体，以合同制度委托，派驻专业人员，组织开展心理服务站点各项业务，完成各项任务。

（二）准入资质

择优选定第三方专业机构，签订书面委托合同，开展委托运营。参考下列条件：

（1）具有法人身份：即取得国家合法登记注册的企业、事业单位或社会组织。

（2）具有专业资质：即机构具有从事社会心理服务的资质，如在机构名称、业务范围中包含社会心理、心理咨询、心理服务等内容。

（3）具有专业团队：即机构有2名以上社会心理指导师等专职人员，具有从事社会心理服务的专业能力，且机构在近3年有开展同类心理服务工作经验。

（4）具有可持续服务能力：即机构已登记成立2年以上。

（5）具有合法服务能力：近 3 年没有因违法违规受到过行政处罚，通过相关系统查询显示具有良好的诚信记录，社会组织获得 3A 以上等级评定者优先。

（三）排除因素

发现受托方存在如下问题之一的，应及时解除委托合同，并根据责任情况和合同约定，相应收回委托资金。

（1）不符合条件但提供虚假材料，骗取签订委托合同的；

（2）未经委托方同意，擅自转委托的；

（3）服务不专业、水平低，群众普遍不满意的；

（4）日常管理不善导致出现重大事故，造成不良影响的；

（5）其他不适宜继续受托开展服务的。

根据站点建设需要，相关部门发布社会心理服务专业机构名录和社会心理服务专业产品目录，供各相关建设主体自行参考选用。

二、运维人员

社会心理服务站点必须具备具有一定的心理学知识和专业技能，热心社会心理服务工作的心理专业人员，至少有 2 名能够全职驻岗服务，负责日常管理、组织协调等工作。

1. 社会心理指导师

具备一定的心理学、社会工作专业知识并获得社会心理指导师证书的人员，通过政府购买服务或公益服务等方式，在社区开展社会心理服务工作。

2. 专职社工师和心理咨询师

获得国家二级、三级社工师或者心理咨询师证书。

3. 心理服务志愿者

高等院校、科研机构等有心理学学历的人员，辖区内心理服务志愿队伍。通过社会心理服务专业培训，协助开展科普宣传、心理支持、心理疏导等社会心理志愿服务活动。

4. 督导专家

社会心理督导师培训并毕业，经过实习、督导和考核后，在专业网站注册的督导专家，组成心理督导专家团队，负责对社会心理服务提供技术支持和专业督导。

三、服务流程

社会心理服务可包括但不限于以下流程：

（1）收集需求。通过调研走访，了解辖区内居民的特点，收集分析社会心理服务需求，综合确定服务内容。

（2）确定方案。明确服务形式、时间、场所等，制订服务方案。

（3）服务准备。在服务前进行风险预估，做好场所、设备和服务人员的准备，以及活动宣传。

（4）服务实施。按照方案组织实施。

（5）组织回访。对服务对象进行回访，包括但不限于满意度调查。

（6）服务总结。对居民参与情况、服务效果等内容进行总结，同时视情况进行宣传。

（7）档案管理。对服务进行记录，将服务相关资料归档。

四、组织管理

社会心理服务站点年度工作任务有以下几大类和内容。

（一）计划管理

（1）组织开展服务需求调查，形成《服务区域内居民的社会心理服务需求情况报告》；

（2）制订《年度工作计划》；

（3）撰写《年度工作总结》并上报；

（4）及时填写服务工作月报表并上报；

（5）开展社会心理知识宣传普及；

（6）根据服务区域内居民特点和需求，组织开展社会心理知识普及讲座；

（7）利用"社区邻里节"、重阳节等各类节日契机，适应服务区域内居民特点和需求，积极组织开展社会心理知识宣传普及和服务体验活动。

（二）心态监测

聚焦重要事件、重要政策、重要时点等，进行调查并形成社会心态监测报告；根据上级要求，配合完成社会心态监测任务。

（三）危机干预

风险排查，建立重点个人和家庭的社会心理服务档案；危机干预，及时发现问题并有效进行危机干预管理。

（四）转介机制

个体和团体心理辅导：根据来访者需求提供个体心理指导；根据居民、辖区单位、特殊群体实际需求主动提供有针对性的团体心理辅导；重点为老年人、妇女、儿童、残疾人、民政服务对象等主动提供针对性心理服务。

（五）心理档案

定期为居民开展心理测评，每年至少新增为200名居民建立心理档案。

（六）人才培养

组织培训班，社区工作人员和社会心理指导师每年轮训一次；组织专业讲座，提升专业能力；挑选骨干参与市级组织的能力提升学习。

（七）服务创新

开展社会心理服务体系创新性研究；探索服务模式创新。

五、监督考核

四级主体分别负责本级责任考核，对下级进行监督。

（一）日常监督

市（县、区）和街道两级部门要加强对辖区社会心理服务站点的日常监督工作，监督的主要内容包括：

（1）运营机构正常合法开展服务；

（2）信息公开准确透明；

（3）服务专业规范；

（4）遵循保密原则；

（5）服务资料归档管理；

（6）建立安全与应急处置机制；

（7）按照区级财政标准合法合规使用经费等。

（二）省（自治区、直辖市）级行业协会监督

社会心理服务指导中心加强行业监督，制定并实施站点年度工作任务考核办法，完成考核工作并形成报告。

省（自治区、直辖市）级协会负责社会心理综合服务基地建设，制定并实施对区社会心理服务指导中心的考核办法，主要考核内容包括：

（1）年度新建社会心理服务站点完成情况；

（2）现有社会心理服务站点管理指导情况；

（3）现有社会心理服务站点持续开展服务情况；

（4）根据年度工作任务，应考核的其他情况。

（三）市（县、区）级指导中心监督

市（县、区）社会心理服务指导中心制定并实施对全区社会心理服务站点的考核办法，主要考核内容包括：

（1）各社会心理服务站点年度工作任务完成情况；

（2）各社会心理服务站点经费使用情况，固定资产（设备）登记、使用和维护情况，档案管理情况，安全管理和建立应急处置机制情况，信息公开情况等；

（3）各社会心理服务站点服务对象满意度情况；

（4）各社会心理服务站点运维机构服务质量评估。

（四）街道（乡镇）年度任务监督

街道（乡镇）社会心理服务中心参照区社会心理服务指导中心对全区社会

心理服务站点的考核办法，制定并实施对本辖区社区（村）社会心理服务站的考核办法。

各级考核对每年任务完成情况，可采取现场走访、座谈会议、问卷调查、查阅档案等方式进行了解。考核结果要形成报告，及时报送上级。对发现的问题，及时反馈各区和相关站点，并视情况要求限期整改。

第十一章
社会心理督导师职业发展 •——————————

　　职业发展是指从业人员通过学习、培训和自我管理等多种途径，提升自身素质与能力，遵循职业行为准则，在特定行业中不断完成职业化和专业化的过程。本章主要阐述社会心理督导师如何提高个人修养，提升职业道德，坚守伦理原则，达到督导师培训目标。

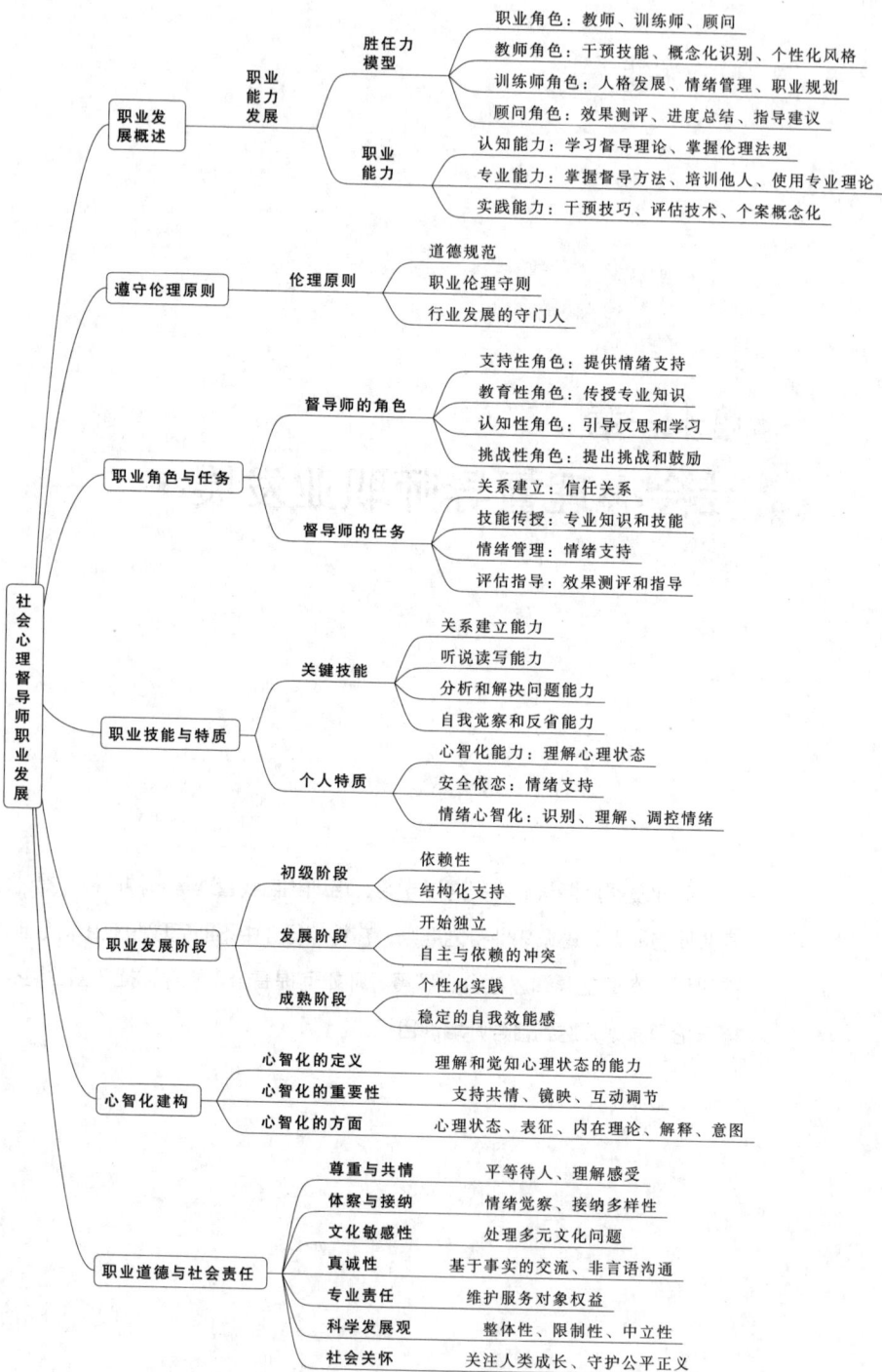

社会心理督导师职业发展
├─ 职业发展概述
│   └─ 职业能力发展
│   ├─ 胜任力模型
│   │   ├─ 职业角色：教师、训练师、顾问
│   │   ├─ 教师角色：干预技能、概念化识别、个性化风格
│   │   ├─ 训练师角色：人格发展、情绪管理、职业规划
│   │   └─ 顾问角色：效果测评、进度总结、指导建议
│   └─ 职业能力
│   ├─ 认知能力：学习督导理论、掌握伦理法规
│   ├─ 专业能力：掌握督导方法、培训他人、使用专业理论
│   └─ 实践能力：干预技巧、评估技术、个案概念化
│
├─ 遵守伦理原则
│   └─ 伦理原则
│   ├─ 道德规范
│   ├─ 职业伦理守则
│   └─ 行业发展的守门人
│
├─ 职业角色与任务
│   ├─ 督导师的角色
│   │   ├─ 支持性角色：提供情绪支持
│   │   ├─ 教育性角色：传授专业知识
│   │   ├─ 认知性角色：引导反思和学习
│   │   └─ 挑战性角色：提出挑战和鼓励
│   └─ 督导师的任务
│   ├─ 关系建立：信任关系
│   ├─ 技能传授：专业知识和技能
│   ├─ 情绪管理：情绪支持
│   └─ 评估指导：效果测评和指导
│
├─ 职业技能与特质
│   ├─ 关键技能
│   │   ├─ 关系建立能力
│   │   ├─ 听说读写能力
│   │   ├─ 分析和解决问题能力
│   │   └─ 自我觉察和反省能力
│   └─ 个人特质
│   ├─ 心智化能力：理解心理状态
│   ├─ 安全依恋：情绪支持
│   └─ 情绪心智化：识别、理解、调控情绪
│
├─ 职业发展阶段
│   ├─ 初级阶段
│   │   ├─ 依赖性
│   │   └─ 结构化支持
│   ├─ 发展阶段
│   │   ├─ 开始独立
│   │   └─ 自主与依赖的冲突
│   └─ 成熟阶段
│   ├─ 个性化实践
│   └─ 稳定的自我效能感
│
├─ 心智化建构
│   ├─ 心智化的定义　理解和觉知心理状态的能力
│   ├─ 心智化的重要性　支持共情、镜映、互动调节
│   └─ 心智化的方面　心理状态、表征、内在理论、解释、意图
│
└─ 职业道德与社会责任
    ├─ 尊重与共情　平等待人、理解感受
    ├─ 体察与接纳　情绪觉察、接纳多样性
    ├─ 文化敏感性　处理多元文化问题
    ├─ 真诚性　基于事实的交流、非言语沟通
    ├─ 专业责任　维护服务对象权益
    ├─ 科学发展观　整体性、限制性、中立性
    └─ 社会关怀　关注人类成长、守护公平正义

第一节　职业能力发展

一、胜任力模型

督导师职业角色、职业能力和职业发展三个方面，构成了胜任力模型。

（一）职业角色

督导师根据督导对象的特定需要，来调整自己的工作反应，定义自己的角色，在教师、训练师和顾问三者之间选择一个角色来实现督导目标。督导师在督导过程中，应该准备好适应所有角色，并在每一个角色下观照到督导对象三个方面的发展。要尽量避免仅仅出于督导师的习惯或个人偏好，只督导受训者某一方面。同时，尽量避免指导过程中受到个人问题和反移情反应的干扰。

1. 教师

督导师需要关注受训者三个问题：干预技能，概念化识别，个性化风格。需要将自己所学的技能和获得的技巧、经验传授给督导对象，并对督导对象指导过程中的问题进行发现和纠正，以提升督导对象常见心理服务技术，帮助督导对象达到基本的职业要求，包括知识、技能、职业伦理道德等，以保障服务对象的合法权益。

2. 训练师

督导师需要和不同"个性"背景的督导对象建立专业关系，培养督导对象健全人格和自我觉察能力，能对督导对象存在的"心结"等开展情绪管理训练。督导师还要能够分析督导对象的成长过程、职业动机与需求，引导其进行职业规划，不断提升职业素养、知识储备、职业道德水平和防范职业风险能力，以规范督导对象的职业发展。

3. 顾问 [7]

督导师需要掌握心理督导的效果测评工具及用法，对督导对象取得的进步和成绩进行总结归纳、提出指导建议。督导师需要帮助督导对象改变传统观念，从心理健康或心理疾病治疗，升华到社会心理服务国家和社会治理。尤其在指导基层社会心理服务机构和站点建设过程中，要指导督导对象扎根社区，以做好普及、普惠和普遍化的社会心理服务为职业目标。要帮助督导对象提升干预技能、进行概念化识别和建立个性化风格，能够在本职岗位上解决特殊人群心理问题，加强人文关怀和生命教育，传播心理自我管理知识，促使社会消除对心理问题的偏见与歧视，预防和减少极端案（事）件发生。

督导师是社会心理指导师的培育者和引路人，在督导过程中要做遵循道德规范、职业伦理守则的守门人，在遵守行为准则和职业信念方面当好榜样。

（二）职业能力

督导师在实践中为执行职业行为，必须具备理论知识、专业技能和价值观的综合。社会心理督导师的胜任力包含以下三点。

1. 认知能力

（1）及时学习社会心理督导理论及关注其研究进展；

（2）掌握社会心理督导相关的伦理和法律法规及政策；

（3）运用社会学、社会工作学、心理学等综合知识解决现实问题；

（4）使用心理科学及其规律态度对待职业工作。

2. 专业能力

（1）掌握社会心理督导的方法和技术；

（2）具备社会心理指导师职业培训能力；

（3）使用专业理论和评估工具开展工作监察指导；

（4）能够使用个体、团体等督导干预手段促进行业发展。

3. 实践能力

在5个领域中发展专业功能。

（1）干预技巧。包括以督导对象为中心促进自然的促进性干预；从分析或理论的角度来进行思考的概念性干预；直接指导督导对象形成或者抛弃某种行为的指导性干预；专门为推动事情向前发展而设计的推动性干预；从评估督导对象开始的，从8个维度来判断督导对象是处于停滞、困惑或者已达到整合的发展性督导。包括实施督导者的自信和能力。

（2）评估技术。进行心理评估和督导效果评估等工具；督导师与督导对象的关系评估。

（3）个案概念化。对个案问题进行概念化分析的能力，包括自我个性特征，因服务对象的生活环境，以及理论取向的不同而不同。

（4）个体风格。对个体差异的认识，对自我评价和认知结论，对有关民族、种族以及文化对个体的影响的理解。包括自我对于职业伦理道德的看法信念和行为准则。

（5）目标计划。督导师对自我工作的掌控能力，对督导目标设定的标准，对组织计划态度以及工作习惯，具有清晰的认知和掌控。

（三）职业发展

考察一名督导师职业发展阶段，可以由三个模块进行分析：动机、自主性和自我觉察。

1. 发展水平第一阶段

学员刚刚进入培训阶段，或对所接受督导方法和经验比较有限。

（1）动机：动机水平通常较高，因为对自己所知有限感到非常焦虑；关注快速掌握技巧以提高胜任力；希望知道帮助督导对象的"正确"或"最好"的方法，因此容易表现出思维的两极性。

（2）自主性：具有依赖性，希望得到专家帮助，需要结构化技术支持、得到督导对象的积极反馈，以及很少的直接面质。

（3）自我觉察：高自我关注，在认知层面感到困难，情感层面表现出忧虑。

2. 发展水平第二阶段

此时已经部分解决了发展水平第一阶段中的高度依赖问题。他们准备向较少结构化和较少指导性转变。

（1）动机：随着在极度自信与不安全、迷惑状态之间犹豫不决而波动。

（2）自主性：尽管在功能上更加独立，但仍然体验着自主与依赖之间的冲突，就像青春期的少年。当消极感受无法释放时可能表现为对自我和督导对象的不满。

（3）自我觉察：关注并将重点放在督导对象身上的能力得到增强，较少自我关注。然而，当感到困惑时，对督导对象问题有更多卷入，可能令人难以承受。因此，这一发展阶段比较混乱。

3. 发展水平第三阶段

在这一阶段，更关注于以个性化的方式进行实践，以及在督导中使用并理解"自我"。

（1）动机：水平比较一致；偶尔会对自我效能产生怀疑，但是不会持续。

（2）自主性：进入独立实践阶段时，已经建立起对自己专业判断能力的坚定信念。督导专业技能不断提升，与被督导者之间逐渐变为平等的关系。

（3）自我觉察：又恢复到以自我意识为主，但其性质已经与发展水平第一阶段有了很大的区别；能够始终保持对督导对象的关注，并同时注意自己的反应，然后据此作出判断。

当督导师的水平发展到第三阶段时，就具备了进行跨领域专业实践的一种个性化方法和熟练跨越这些领域的能力。这一阶段的督导师已经能够清楚地觉察到其自身的优势和弱点，关注督导对象在不同训练阶段，根据不同需要做出反应。

需要提醒的是督导师不必过早限定于某一特定的理论流派。在不同训练过程中，在每一发展阶段的不同学习风格都存在差异，必须充分考虑到学习途径和内容的多样性，考虑到自己对理论和现实的认知水平。在经验水平与现实需要相匹配，并超越了文化差异之后，再确定自己的理论流派也不迟。

二、心智化建构

心智化是什么？当我看到一个人张皇地逃跑，我意识到"他很恐惧！他想逃掉！"，此时，我对"他的心理状态"的觉知，在我的内心中形成的过程，就是心智化的过程。即用我自己的心理能力，去感觉和觉知他人的心理状态。

社会心理督导师为提升自己的职业能力，需要不断进行理论、知识、技术等的学习，更需要加强自身修养，提高心智化水平。在完成心智化过程后，会根据个案中所呈现行为同频到自我的感受中，如个案服务对象形体上表现的快乐、愤怒、依恋等心理状态，"我"都觉知到他的心理状态，成功地把自我和他人连接起来。如果做不到这一点，出现了"我觉得""不对吧"等模糊类判断，就需要提升其心智化水平，自觉进入心智化建构。

（一）心智化"五因素"

心智化简单讲是我们理解自己和他人的心理状态的能力。心智化过程是跳出自己内心的主观臆断，从外部来审视自己；从自己内部来理解对方，将心比心地看待他人的过程。这种心理加工能力，是支持共情、镜映、互动调节、调谐等重要心理功能的基础能力。

1. 心理状态

一个人内心中的需求、渴望、感受、思维和幻觉等状态的综合，被称为其"心理状态"，这些状态可以被评估和描述。但是，一些学校、医院等套用西方20世纪的心理咨询或治疗"标准化测题"，进行焦虑、抑郁、愤怒、孤独等主观量表测评，在我国各地的心理服务中造成了不良社会影响。其根本错误在于僵化、片面地、标签化地定义服务对象的心理状态。社会心理督导师驾驭复杂的行为感知和个人心态，必须使用心智化能力，增强联结服务对象心理状态的丰富性、准确性。

2. 表征

表征又称再现，是信息在头脑中的呈现方式。当我们头脑对外界客体进行加工时，是以表征的形式显现的。当一个人用语言叙述出一件事情或者描述物体的形状、性质和颜色等内容时，属于外显心智化。他用言语、故事、图形等表达内心状态属于表征。外显心智缺损的表现为：固着于僵化的故事，被非故事性的体验所压倒，无法找到一种足以承载创伤性痛苦的叙述方式。如，有的人怕蛇，他对蛇的表征永远是有毒、凶恶、偷袭等恐惧状态。但外显心智化不过是冰山一角，在人际互动中，占据主导地位的是内隐心智化，自动且无反思性，内隐心智化也可以解释为直觉。

3. 觉知

觉知是指关注自我和他人的心理状态过程。在督导会谈中，督导师向督导对象提问"你认为在这个时候他会怎么想？"，这样的问题就是调动督导对象的觉知，使他把自我和服务对象连接起来，进行联动觉知。在著名的"哈洛猴子实验"中，实验者哈洛将小猴子从母猴子身边带走，取而代之的是一只铁猴子和一只布猴子。铁猴子会每天给小猴子提供奶水，而布猴子触碰起来感觉到更舒服、柔软和温暖，小猴子吃完奶后，就跑到布猴子怀里。此时，实验者得出了结论："孩子对母亲的依赖不是来源于奶水，而是通过和母亲的亲密接触获得安全感和依赖感。"这就是实验者的觉知。

4. 心智受损

一位母亲认为："婴儿只要吃饱穿暖睡足就可以，不必在情感上或者心理上喂养他。"对婴儿没有情感供养，无法将婴儿同时看成一个心理的存在，给予心理上的照顾，就是母亲心智严重受损。在心智化的过程中，我们必须具有一种觉知，即我们与他人既有外部动作和形体联结，也必须将其同时看成两个心理状态之间的关系。在心智化上防止两个极端，即自我心智化倾向于过度关注自身的心理状态，对他人的兴趣有限，或对他人心理状态的感知有限，可能会导致自我膨胀。另一端过于关注和理解他人的心理状态，而忽略自己的内心世界，容易被外界影响情绪，可能导致对他人的"剥削"。

5. 时间框架

时间框架是指过去、现在或者将来。心智化在大部分情况下考虑的是当下的心理状态。当下正在发生的心智化过程是最能够被感受和体验到的。当然，对过去的心理状态所赋予的意义以及对未来的心理状态的预测也同样很有帮助。

（二）心智化发展

有实验研究证明，父母与孩子的依恋关系可以预测孩子的心智化能力。父母的心智化能力也能预测孩子的依恋类型，在促进儿童心智化发展中扮演着关键的角色。心智化理论创立者彼得·福纳吉说：婴儿在照顾者的心理中发现了他们自己的心理。因此，心智化依赖于被心智化，也就是依赖于照顾者的心智化。

心智化在安全依恋关系的情境中才能有最佳发展。安全的依恋不仅提供了一个庇护所，如情绪安慰和安全的感觉，还提供了一个探索的安全基地。督导师对于督导对象，要类似于为孩子探索世界提供安全基地的妈妈的角色。不仅为督导对象探索外部世界提供平台，同时也为其探索内在世界和心理世界提供包容的容器。督导师在督导对象遇到各种不开心和成长遇阻时，提供一个使他能够安全探索的基地。如果一个新入行的社会心理指导师，没有信任的督导师提供支持、鼓励、共情以及专业指导，他会发现许多工作寸步难行，发生挫折或工作遇阻后很难重新振作起来。

在安全依恋的背景下，三种情况会使心智化被抑制，第一是爱的感受被激活，比如在激情中失去对爱人的判断能力；第二是依恋被威胁性地激活了，比如分离；第三是稳定的依恋关系消除了对心智化的需求。与此同时，社会威胁有可能会促进心智化，但也有可能发展出被扭曲的心智化。无论如何，安全的依恋关系可以缓解竞争压力，能够促进心智能力得到最充分的发展。

（三）情绪心智化

情绪是无处不在的，在心理治疗中对情绪的心智化是最有魅力的部分，也是最能产生治疗作用的部分，情绪和思维是太极八卦的两极，没有完全脱离思维的情绪，也没有不受情绪影响的思维。对情绪的心智化主要包含三个过程。

识别情绪：命名情绪，能够清晰表达出情绪的层次和情绪的冲突与矛盾，能分清现在和过去的关系中情绪的含义。情绪分成初级情绪，比如兴奋、愤怒、哀伤、恐惧；次级情绪，比如内疚、羞愧、嫉妒、尴尬、骄傲、焦虑等。别小看识别情绪这个貌似简单的步骤，准确是其中的要求，实际上，如果心理指导师能够为来访者的某种情绪找到准确的名字，都不是一件容易的事情。情绪常常并不是单一存在的，而是结伴而行，比如愤怒的背后常常有恐惧，或者羞愧、内疚，快乐的背后常常是欣喜、骄傲，焦虑的背后往往是厌恶、嫉妒等，爱和恨经常一起出现，紧张伴随着激动，因此情绪是有复杂的分层的，也是经常纠缠在一起的。这个过程带着寻找情绪的意义的目的，可以在当前经历和关系中去细化情绪产生的原因，也可以在更早的关系中去理解与之相关的历史，这些历史故事经常是创伤，这是精神分析中最经常使用的方法。

调控情绪：是对情绪状态的改变，不管是扩大或缩小，调控都是对情绪进行心智化的关键。过分强烈的情绪会影响来访者的自我功能和社会功能，同样，过分压抑的或者回避的情绪会以某种症状的形式出现，影响来访者的自我功能和社会功能。而这种调控必须在安全的环境中才能够进行，而且还要在情绪尚有温度但又不至于过于炽热的情况下进行调控才会有效，温度太低了情绪隔离，温度太高冲毁了反思的能力。因为情绪本身是对情境和关系的一种评价，调控情绪经常是对同一种情绪和情感进行重新解释的过程，这个时刻也是咨询中的此时此刻。

表达情绪：表达情绪可以在识别出情绪的时候，也可以是在调控情绪的过程中有节制地表达或者更正表达。不只是向外表达，也可以是向内表达（这个有点难，但是如果可以那就为自己新增了一种情绪表达方式）。

实际上，如果有情绪心智化的能力，识别情绪、调控情绪和表达情绪常常会来回变换，交互发生，成为内心里进行情绪心智化加工的持续的心智化过程。如果能够持续体验这个过程，理想的情况是情绪成为一种有目的的策略，或者说是智慧的工具，也许表达愤怒的时候体现的是名正言顺的正义感和尊严感，表达伤心的时候是宽容大量的善良和爱。

综上，正如以上内容所描述的那样，督导工作中对于督导对象以及被督导的内容几乎都需要心智化的参与和积极投入，心智化的干预有可能会从个体、家庭、学校、社会多个面向更广阔的社群中延伸，这恰恰也是社会心理督导师可以覆盖的服务人群。

三、自我意识模型

心理学的根本问题是"人是什么"。真正心理学意义上的自我概念是把"自我"从意识活动中区分开来，每个人都是主体我（主我）和客体我（客我）的统一体。

自我意识是个体对自己的认识，包括个体对自身的认识和对自身周围世界关系的认识。认识自己包括两方面：一是个体对自身生理的认识，包括体重、身高、身材、容貌等体像和性别，以及痛苦、饥饿、疲倦等感觉。二是对自身心理状态的认识。主要包括对自己的能力、知识、情绪、气质、性格、理想、信念、兴趣、爱好等方面的认识和评价。自我意识的出现，不是意识对象或意识内容的简单转移，而是人的心理发展进入的一个全新的阶段，是个体社会化的结果，是人类特有的高级心理活动形式之一。它使人们不仅能认识和改造客观世界，而且能认识和改造主观世界。因此，督导师对自我意识的调节系统，作为个性结构中的一个组成部分，成为个性自我完善的心理基础。

（一）自我责任

（1）尊重督导对象及其服务对象的权利。对督导对象及其服务对象的知情权、自主权、决策权表示尊重。

（2）坚持专业督导的保密性。保护督导对象及其服务对象的隐私，对督导对象及其服务对象的个人信息、家庭信息、经济状况等要保密。

（3）保持与督导对象的距离。避免与督导对象及其服务对象保持多重关系，不图其利益，不忘本心。

（4）恪守社会心理服务工作的规范要求，严格遵守社会心理督导有关伦理把控的职业要求，不忘初心。

（5）建立服务于国家、服务于人民的理念。

（6）追求社会正义。提供督导及处理督导对象、服务对象之间关系时要以法律法规、规章等为准绳，严格规范自己的行为。协助督导对象帮助弱势的服务对象获得必要的资讯、服务。

（7）保持专业督导工作中的诚信。

（8）防止"道德绑架"，避免操控伦理，迫使督导对象按督导师希望的方向作出伦理决定。保持对权力关系的警觉，避免督导对象被迫接受督导师的意见和看法。

（二）自我成长

社会心理督导师个人成长一方面能够提升督导师在社会心理督导领域的专业能力和督导能力，增强督导师对社会心理督导专业的认同，增强督导师主动学习的动机，另一方面还能够使其在持续成长的过程中实现自我的价值。

1.认知重构需求

认知重构：社会心理服务体系督导师应该直面督导议题，尊重并以友爱之心对待督导三方关系中的每一个人，要对个人的能力和认知持续保持警觉。在处理督导的问题时，认知重构会对督导师有帮助，比如，督导师要求自己对所有督导对象都竭尽全力地开展工作，为每个督导对象的失败而自责，认为自己不可或缺，认为所有督导对象都应该以相应态度回馈等，这样的认知显然是不合适的，对持有以上认知的督导师进行认知重构会更有利于其开展工作，更有利于督导对象获益。

2. 社会环境需求

社会心理督导工作，不同于一般的社会工作和心理工作，是对社会心理指导师在专业服务中遭遇困难的咨询和指导，是社会心理服务工作专业服务品质的保障，需要督导师持续地学习与成长。社会心理服务工作是一个新兴行业，随着我国社会经济文化的发展，人民群众的价值观和生活方式都在改变。因此社会心理督导师需要不断地更新知识、提升督导的知识技巧和能力，以应对新产生的问题。

3. 心理成长需求

社会心理服务工作的助人过程中难免会遇到自身经验匮乏，职业耗竭造成的心态不良等困扰。社会心理督导师在助人的同时也需要其他人的帮助和支持，也需要继续深造和学习，全面提升素质。

（三）自我评估

督导师要通过自我的评估来判断自己如何去完善自身并成为一名好的督导师。从自我的督导风格和督导经验、自身的优缺点、工作经验和理论架构等认识出发，去进行自我认知的探索——自己在督导工作里的位置，开展工作秉持的督导理论与价值观，对督导的看法与期待。正视自身的经验或者知识的不足，与督导对象就督导风格进行坦诚的沟通。

督导师在督导时首先关注态度和世界观，然后关注知识和技能。要提升自身的反思能力，使自己能够进行恰当的自我评价，从而思考自身个人信念、价值观和世界观如何影响自己与不同的督导对象工作。

（四）自我反思

在社会心理督导专业领域，反思与情境系统、专业知识、专业关系以及个体的生活习惯都息息相关。不同因素组合而成的系统，不断塑造着人们的认知过程和结果，影响着人们的判断与行动。识别自己的认知过程如何被影响和诱导，对于督导师作出正确的决策，十分重要且必要。督导师要在日常中通过反思督导过程，并促成反思基础上的督导再实践得到成长。

（1）理论知识的学习与现实的专业实践之间存在诸多挑战。社会心理督导师要践行从理论到实践的路径，同时在督导过程中要深入反思，从而更好地发挥督导师在工作关系中的能动性和创造性。

（2）社会心理督导师要不断对自己的督导方式以及个人成长的过程作出反思，主动并持续进行学习成长。不断深化社会心理督导工作的理念和实务知识，创新督导的方法和技巧，为社会心理指导师提供可靠的专业指导，提高专业服务的有效性。

（3）价值素养培养需要社会心理督导师与督导对象，学会从价值视角理解人际互动以及背后的工作机制，是日常督导工作中潜移默化的过程。它需要借助督导师的反思过程，才能被理解。社会心理督导专业服务背后所秉持的伦理价值，是一个通过反思觉悟逐渐养成的过程。

（4）保持人性和开放性的姿态是发展和提升胜任力的关键。督导师要有能力意识到自己的局限，寻求更多的教育和培训，使自己成为更有胜任力的社会心理督导师。

（五）自我觉察

社会心理督导师要评估自己的督导能力，思考自己的督导方式，并考虑自身风格对督导对象的影响。社会心理督导师应该不断提醒并审视自己，是否站在对方角度去看督导问题与求助者，是否设身处地地理解对方；在每次人际互动中看到机遇，花时间讨论，并建立信任和积极的关系。

持续的自我觉察是有效学习和督导工作发展的必要条件，社会心理督导师要保持终身学习的能力，督导师的成长是一个终身的过程。要帮助督导对象成长，社会心理督导师首先要成为一个对生活充满希望的人，在充满挑战的工作与生活中勇于挑战，并能够根据现实状态及时调整自己的期望。为生活带来意义，有一个强烈的共享的目标意识，并且强化那些具有热情和道德目标的人们之间的情感联系。督导师有机会更新自己的使命感和技能会帮助其培养抗逆力，应对职业倦怠。建立对督导工作的投入和胜任工作的感觉。

社会心理督导师在从事社会心理工作的过程中，为了保证对服务对象的共情，一直以开放的姿态工作，付出自己，用一个生命去感召另一个生命。为避免职业倦怠，督导师要有自我关爱、自我照顾的意识，有效调节自我，不断更新并发展专业知识，主动参与自我提升的活动，找到本领域的工作者进行持续性的、支持性的督导，来促进身心的健康发展，以更好地满足社会心理督导责任的需要。

四、突破"三阶段"

督导师在职业发展中既要解决经验问题，掌握理论知识和技能，还需要拓展自我职业疆界，突破发展停滞、困惑和整合三阶段局限。

（一）停滞阶段

新晋督导师不能意识到自己的不足或可能遇见的困难，经常在认知层面上以简单的黑白式思维看待问题。有两种表现：一种表现是非常自恋，将自己的能力理想化；另一种表现是对某种技术简单运用，认为模型就是不可更改，迷信教条是万能的。

（二）困惑阶段

经过一段时间的实践，发展技能与心智不成熟，情绪开始不稳定、结构混乱、剧烈波动、困惑、疑惑以及矛盾冲突。从一种严格的信念系统和约束审视自己以及他人行为的传统方式中解放出来。

而督导对象的困惑阶段是督导关系的动荡期。督导对象也许会因为自己的痛苦而责备督导师，"困惑"是督导对象的"进步"，预示从停滞阶段走向下一阶段。

（三）整合阶段

在觉察到不安全感和对督导中重要问题持续监控之后，督导者与督导对象之间建立了一种全新的认知理解，像"暴风雨后的平静"。此时，督导对象对督导的期待更加切实可行，督导对象开始用现实的眼光看待督导师，接受督导师有优势，也有不足。督导者对被督导者所发生的持续变化持开放态度，双方的合作关系会变得更加轻松自由。

第二节　职业道德修养

职业道德是指在一定职业活动中应遵循的、体现一定职业特征的、调整一定职业关系的职业行为准则和规范。不同的职业人员在特定的职业活动中形成了特殊的职业关系，包括职业主体与职业服务对象之间的关系、职业团体之间的关系、同一职业团体内部人与人之间的关系，以及职业劳动者、职业团体与国家之间的关系。

一、职业情操

社会心理督导师职业情操是督导知识、督导技能与职业态度的一种结合，它体现了社会心理督导工作的专业精神。

社会心理督导师的职业情操包含以下几点。

（一）尊重

尊重是督导取得效果的基础，具有非常重要的意义。尊重是建立良好督导关系的基础，也是如何建立良好督导关系的重要内容。

（1）视督导对象为可发展的、可信任的、被赋权的人。在督导工作中，督导对象为了获得更多的启迪与帮助，非常需要感受到督导师能否更好地理解他们的问题和想法。督导师的尊重本身就能产生很强的助人效果，可以让督导对象感受到自己是被理解和接纳的，有助于督导对象最大限度地表达自己、展示需要督导的问题。

（2）在督导工作中，既要能接纳被监督者积极光明正确的一面，也要接纳其消极灰暗错误的一面；可以接纳和自己相同的一面，也要接纳和自己完全不同的　面。既接纳督导对象的价值观和生活方式，也要接纳督导对象的认知、行为、情绪和个性。督导师的尊重可以强化督导对象对于督导关系的合作态度和信任感，激发督导对象的潜能，使之具有自我成长的力量。

（3）太有威严和距离感容易让督导对象感到焦虑，不敢面对失败或者错误。但相处中太过放任，又容易让督导对象感觉无法获得及时有效的支持。

（4）督导师对于督导对象的尊重，体现在价值、尊严、人格等方面的平等。督导师不因双方在价值观、民族信仰、职业地位、文化程度、金钱个性等方面的差异，批评、贬低、指责督导对象，不以自己的好恶区分对待督导对象。态度是非评判性的。

（5）督导师一旦与督导对象签订了督导协议，就要在督导的各个环节始终遵守保护督导对象及其服务对象个人隐私和有关信息的承诺。并正确处理督导对象在服务过程中透露和提供的个人信息。包括信息资料的存放与使用程序上的专业性。不向任何其他人士和公众泄露受访者的私人信息以及同服务相关的隐私信息，以确保督导对象的权益不受侵犯。

（二）共情

督导师的共情，其目的就是深入准确地理解督导对象及其案例存在的问题。

（1）在督导过程中，如何理解督导对象和服务对象是一个非常重要的问题。督导师如果理解并体验督导对象的内心世界，能够从督导对象的角度来看待需要督导的问题，更利于建立良好的督导关系。

（2）督导师运用督导的共情技术，把自己的共情传递给督导对象，表达出对督导对象与服务对象内心世界的体验和对需要督导问题的理解，也可以影响到督导对象并取得对方的反馈。

（3）督导师借助自己的理论知识和经验，来把握督导对象的体验与案例之间的联系。可以更深刻地理解督导对象、服务对象的心理以及案例给督导对象带来的实质困扰；

（4）督导师的共情，促进了督导双方彼此的理解和更深入的交流。通过共情也鼓励并促进了督导对象进行自我表达，从而更加深入地自我探索。帮助督导对象更加深入、准确和全面地认识案例，认识自身。

（5）在督导对象遇到职业倦怠时，督导对象会急切地需要理解关怀。督导师的共情可以对督导对象达到明显的助人效果。

（三）体察与接纳

（1）社会心理督导师需要敏感觉察督导对象及其服务对象的感受需求、

期望与人格特性，需要发展一种接纳包容与信任的督导关系。向督导对象传递督导师的信心和信任的态度，使督导对象的自主性与选择权能最大限度地得到发挥。

（2）社会心理督导师与督导对象及其服务对象的价值观、生活方式与态度都可能存在差异，其认知能力、个性特征、行为模式也可能完全不同。督导师需要站在督导对象或服务对象角度去看待对方的处境，体验其内心世界，才能更加深刻、准确地理解督导对象及其服务对象。

（3）社会心理督导师要能敏锐地察觉到督导对象对于压力的反应，并根据情况灵活地调整督导工作的方式方法。

（4）社会心理督导师对督导对象良好的表现给予表扬和赞许，同样对于督导对象工作上的不足，也要敢于挑战和指出问题。

（5）社会心理督导师要能自如地、不带防卫地面对负面的反馈和反移情反应，能容忍建设性的批评意见。对于督导工作有容忍和接受错误与失败的准备，领会发生失败的挫折意义，并能在失败中学习与建立自信，这些都是督导工作和学习过程中自然而然的一部分。

（四）保持文化敏感性

督导师要能够正面地看待督导对象与所呈报的案例，能接纳和平等对待不同的文化及取向的个人特质。在面对督导对象及帮助督导对象根据服务对象的背景，理解服务对象的过程中保持文化敏感性，没有性别歧视和种族歧视。

社会心理督导师在工作中会面临大量的人的心理问题与痛苦，这就需要增强对人性的多元性、复杂性和模糊性的认可和接纳。人的心理行为受到文化因素制约，督导师要察觉敏感议题，充分考虑到个体价值观念与社会文化环境，并且要小心地对待与处理。针对敏感话题，社会心理督导师要与督导对象保持真诚的讨论与自我探索，保持多元性并营造安全的讨论氛围，为督导对象就如何应对多元化问题做出良好的示范。

社会心理督导师要努力保持平衡，识别可能在世界观和个人观念中固有的偏见和理念，对督导对象及其服务对象的文化背景有所了解，避免使偏见反映在督导中；同时督导师要在督导过程中示范对行为模式、世界观及信念等差异的敏感性。

（五）真诚

真诚是社会心理督导师与督导对象建立良好督导关系的一个非常重要的因素。督导师对督导对象态度诚恳、真实，没有防御式伪装，表里如一、真实可信地与督导对象相处。真诚不是简单的不掩饰、不说假话。督导过程中，督导师如何说话既是理念问题，也是技术问题。

如何把握真诚需注意以下问题。

1. 真诚不等于直接回答

督导师表达真诚应遵循既对督导对象负责，又有利于求助者成长的原则。真诚与实话实说虽有联系，却不等同。对于可能伤害督导对象或破坏督导关系的话，需要以谨慎的态度，真诚表达。真诚的表述更准确地反馈了问题，也容易被督导对象接受。当督导对象感受到督导师的真诚时，就避免了标签化、绝对化的印象，督导对象也更愿意认真地思考自身和案例。

2. 真诚不能脱离事实基础

督导师要为督导对象赋能，但表述要建立在实事求是的基础上，不能不符合督导对象的真实情况。同时，督导师不应为了维护尊严和威信，掩饰自己某些方面知识和经验的欠缺，夸大和炫耀自己的能力。督导师不是完人，如实相告自己的教育背景，擅长与不擅长的领域，真诚承认自己的不足，更容易被督导对象接受。

3. 真诚的非语言表达

督导师采用的身体语言也是表达真诚的一种方式。督导师通过关注的目光，前倾、温暖的姿势，平和的倾听向督导对象传递出真诚与积极关注。

4. 真诚建立在正确的职业观下

督导师的真诚建立在正确的职业观下，在督导过程中坦诚对待督导对象，适当地自我暴露，分享自己的经验或历程，以建立相互信任的督导关系。

（六）本土适切性

中国社会心理工作受中华传统文化与社会工作服务环境等影响，会面临传统观念"情分""面子"等问题，督导师往往很难表达不一致的想法或建议等与督导关系有联系的议题。对于"面质"等技巧也比较敏感。社会心理督导师需要认识到人际关系的重要性，人际关系是人们改变的原动力，在督导工作中要掌握好文化敏感性，结合文化氛围对本土督导经验进行整理和提炼。

同时，中华民族是非常强调礼仪与文明的，督导师对督导对象表达善意、礼貌、关爱，有利于帮助双方建立起信任的关系，做好"守门人"工作；也更利于建立起有能力技术，具备良好的人际关系技巧和良好的组织管理技能的社会心理督导师形象。通过民主平等参与，而不是在利用权威关系达成共识与合作的基础上进行督导。

二、职业道德

（一）信念

由于社会心理督导师肩负着社会化责任，因此，对现实生活的关怀与推动人的成长改变就成为督导工作不可或缺的内容。在面对督导对象乃至服务对象时，首先要思考自己的价值观，即自己抱有怎样的现实情怀。

社会心理督导人员应当发挥在践行社会心理服务工作伦理方面的示范作用和在开展社会心理服务中的专业引领作用，坚持"主动助人、助人自助"，以服务对象为中心的工作宗旨，维护服务对象的合法权益，正确处理与社会心理指导师及其服务对象之间的关系，严格自律，不利用服务之便，谋取不正当的利益。

（二）责任心

社会心理督导的关系建立，意味着督导师责任的承担。督导师需要为整个社会心理督导的过程负责。督导师对这个专业服务品质的保障负有不可推卸的责任。社会心理服务工作是一项高感情投入的专业服务，在专业服务中很容易受到误解和威胁，安全意识的培养就变得非常重要。督导师在进行团体督导时，应遵循秉持公平态度和平等对待每一个督导对象的伦理责任的要求，避免督导对象因为受到不公平的待遇而受到伤害。通过同理、真诚、分享感受等非判断性和支持的方式让督导对象产生安全感。

（三）职业理念

1. 科学发展观

社会心理督导工作中必须坚持唯物主义的科学发展观，反对一切迷信。督导师在处理问题的过程中必须通过细心的观察思考，依据事实和科学思辨的态度来进行工作。不能仅凭自身经验，武断地去指导督导对象。

2. 整体理念

督导师面对督导对象、个案、服务对象等多方信息。每一个体之间都有着千丝万缕的联系，督导师要用整体观在各类因素之间探寻本质。督导问题往往是立体式的，可能有横向联系，也有纵向交叉；督导师只有建立普遍联系的整体观，才能克服督导工作中的片面性。

在收集整理资料、制订督导方案、确定督导目标和进行督导时都要充分考虑诸多人与事物之间的内在联系，综合应用各种督导方法开展督导工作。

3. 限制性理念

督导师的职责不是无限的，督导工作是有限定的职业活动。督导工作应有一定的时间限制。督导师的工作要有感情限制，督导工作必须以有利于督导对象成长为目的和前提，不能夹杂个人情感因素。

4. 中立性理念

督导师不以自己的价值取向作为考虑问题的参照点，而是从督导对象角度出发去看待问题，对督导中涉及的各类事务都保持客观、中立的态度。不掺杂个人情绪，才能对督导对象和个案进行客观分析，正确认识需要督导的问题，提出适宜的督导方法。

督导过程中要避免"一切尽在掌握"的想法，轻松并不是因为督导师掌握更高深的理论、经验和知识；其往往源于督导师在大多数情况下并不直接处在心理指导关系之中，具有"局外人"的立场优势，所以对于案例有一定的客观性。要警醒自己面对的是已经过受督导对象理解和阐释过的不完整和抽象的资料，考虑如何解读，如何给出具体或更具权威性的督导。

5. 专业关系理念

致力于发展专业的社会心理督导精神，采用兼具专业性、情感性和实用性的方式开展督导工作。督导师占据了权威上的优势，所以在督导关系中，必须对任何可能使专业关系转变成非道德的双重关系时承担更多的责任。要在督导工作中避免由于督导师的权力造成的不当影响关系的情形。

6. 平等友爱理念

社会心理督导师要在督导中既以平等的方式对待督导对象,同时又注重督导对象的差异。在督导过程中充分把握好个别化服务与平等待人的理念,处理好平等对待督导对象和为督导对象提供个别化督导服务的矛盾。

7. 助人自助理念

社会心理督导工作提倡"主动帮助,助人自助"的理念。当督导对象面临困难挑战时,通过社会心理督导师的支持,减轻督导对象的内心压力,强化督导对象的正向自我认同,启迪督导对象感受自己的努力和坚持,帮助督导对象了解社会心理服务工作背后秉持的价值和信念,推动督导对象不断向前迈进,学会从积极的视角发现新的解决方式和途径。

第三节　伦理守则

督导伦理既是社会心理工作存在与发展的基石,也是促进其规范化发展的动力。

社会心理督导师秉持社会工作价值观,以积极助人为核心理想和行为规范,为初级或者需要者提供专业性、支持性、教育性服务,督导本身就是伦理示范。

伦理是督导工作中不可回避的难题。如何规范督导师与督导对象的关系?如何判定督导行动中的伦理标准?如何以专业伦理为基础,使督导发挥促进心理工作的重要作用?只有通过伦理规范的建立,才能帮助督导师在履行职责时作出合理决定。

一、伦理原则

社会心理督导的伦理原则是指在督导过程中涉及的相关各方都应遵守的基本规范,在伦理没有具体规范可以普遍遵循的时候,可以从督导的伦理守则中判定其行为是否符合基本的伦理要求。

（一）伦理功能

1. 保障

通过社会心理督导影响社会心理指导工作专业服务的开展，惠及社区与服务对象，助力社会心理服务工作专业品质的提升。

2. 赋能

对于督导对象在社会心理服务工作过程中遭遇的困惑和问题，以及心理上出现的紧张和困扰进行"心结"疏导，运用合适的督导技术与技巧，增强督导对象的个人能力，不断鼓励督导对象的自我觉察与成长。

3. 监督

社会心理督导师要扮演"守门人"的角色，对督导对象的工作表现和专业服务开展情况进行评估，保证社会心理指导工作专业服务的品质。

4. 促进

督导对象通过社会心理督导师提供的专业督导，提升自己的专业能力，促进社会心理指导工作专业服务品质的提升。

（二）伦理范畴

社会心理督导的伦理原则是社会心理督导师与督导对象需要共同遵守的伦理规范，它关系到督导对象的成长和发展、服务对象权益的保护、督导对象工作表现的监管以及督导对象的赋权等。

1. 责任

社会心理督导师的工作目的是评估督导对象的学习需要，改变、塑造，或者支持督导对象的行为，评价督导者的表现。对督导对象的学习需要进行程度评价，帮助发现督导对象的才能。推动社会心理指导师不断完善，保持专业竞争能力。

社会心理督导师只有自己愿意承担起专业合作关系的伦理责任，才能引导督导对象学会承担起他们应该承担的伦理责任，从而推动督导对象采取一种更专业的视角理解工作场景中面临的问题，发现新的解决方式和途径。

（1）遵守国家相关法律法规，遵守职业道德，遵守有关机构的规定；

（2）签署督导协议，严格遵守保密原则，并说明保密例外情况；

（3）社会心理督导师应具备担当这一工作所必需的知识和技能，工作时应仅限于在自己的知识与能力范围内提供督导，为专业人员提供持续提高和发展的机会，促进整个行业的健康发展；

（4）社会心理督导师有责任设立清晰、适当和具有文化敏感性的关系界限；

（5）社会心理督导师要清楚了解双重关系对专业判断力的不利影响，避免与督导对象保持双重和多重关系，在双重或多重关系不可避免时应采取预防措施，例如签署正式的知情同意书，做好相关文件的记录等，以确保双重关系不会影响自己的判断，并且不会对督导对象及服务对象造成危害；

（6）社会心理督导师应清楚认识自己的职业角色对督导对象构成的潜在影响，不得利用督导对象对自己的信任或依赖谋取私利，不允许收受实物或以其他方式作为督导专业服务的回报，因为它们有引起冲突、剥削、破坏专业关系的潜在威胁；

（7）社会心理督导师要秉持尊重与公正的态度对督导对象的表现加以评估，对申请者进行筛选，防止不符合要求者进入本行业；

（8）帮助申请者达到基本的职业要求，包括知识、技能、职业伦理道德等，以保障服务对象的合法权益。

2. 权利

（1）有权利了解督导对象的受训背景及与服务对象心理问题有关的个人资料；

（2）有权利选择合适的督导对象；

（3）有收取督导相关费用的权利；

（4）基于对督导对象负责的态度，有权利提出中止督导。

3. 义务

（1）督导开始前，向督导对象介绍自己的受训背景，督导的理论取向，督导中要求的文件记录类型；

（2）尊重督导对象及其服务对象，遵守约定时间，遵守和执行督导协议各方面的内容；

（3）监督督导对象的告知义务。督导者的伦理义务，包括帮助督导对象公开地、诚实地、专业地保护服务对象的权利，其中也包括服务对象有权知道督导是如何进行的；

（4）社会心理督导师应尊重其他专业人员，与相关专业人员建立一种积极合作的工作关系，以提高服务水平；

（5）为专业人员提供持续提高和发展的机会，促进整个行业的健康发展。

4. 关系

社会心理督导师与督导对象，既有工作的同盟关系，又相互独立承担责任。督导对象必须做到：

（1）明确自己的责任。遵守国家相关法律法规，遵守职业道德，遵守有关机构的规定。向社会心理督导师提供与督导问题有关的真实清晰的资料。签订督导协议，严格遵守保密原则，并清楚了解保密例外情况。督导对象应告知服务对象，自己在接受督导。

（2）利用自己的权利。有权利了解社会心理督导师的受训背景和执业资格。有权利选择和更换更合适的督导师，有权利提出终止督导。对督导方案的内容有协商权、知情权。

（3）遵守自己的义务。尊重社会心理督导师，遵守约定时间，如有特殊情况要提前告知督导师。团体督导时，尊重团体内其他成员，与其他督导者合作。遵守和执行督导协议各方面的内容。按照规定缴纳督导的相关费用。

5. 救济

社会心理督导师在专业工作中应遵循有关法律和伦理，努力解决自身心理困境和从业难题。在遇到问题时，可以寻求督导及朋辈建议或救济。

（1）社会心理督导师一旦察觉，自身在工作中有失职行为，或对职责存在误解，应采取合理的措施加以改正；

（2）社会心理督导师若发现有人违反了伦理守则与职业规范，应予以规劝。若规劝无效，通过适当渠道反映其问题。如对方违反伦理行为非常明显，且已造成严重伤害或违反伦理的行为，无合适途径解决或根本无法解决，社会心理督导师应当向合法管理机构举报，以维护行业声誉，保护督导对象及服务对象的权益。如果社会心理督导师不能确定某种特定情形或特定的行为是否违反伦理规范，可向管理组织寻求支持。

二、伦理守则

社会心理督导师坚持主动助人、助人自助，以服务对象为中心的工作宗旨，维护服务对象的合法权益，公正处理与社会心理指导师、服务对象之间的关系。发挥在开展社会心理工作中的专业带领作用和在践行社会心理工作伦理方面的示范作用。

社会心理督导师伦理是指社会心理督导师在社会心理服务专业助人工作中，遵守国家法律法规，根据社会心理督导专业伦理守则、社会规范、相关机构规定、服务对象的福祉，结合自身价值观，作出合理公正道德抉择的系统性方式。

（一）主动助人原则

社会心理督导属于社会工作学和心理学范畴融合领域，督导的根本责任是示范、协助、鼓励社会心理指导师成长为心理专业助人者。社会心理督导师在督导关系中不断强化自身的伦理责任意识，并且借助自身伦理责任意识的提升带动督导对象的专业成长。

（二）专业关系原则

社会心理督导师在履行职业行为时，只能与督导对象建立专业关系，尽量避免存在其他的社会关系，坚决禁止性及亲密的多重关系。督导关系是社会心理督导师影响督导对象的方式和纽带，也是督导过程展现的状态，专业关系界限的明确和保持，也是社会心理督导工作顺利展开的核心。在双重（多重）关系不可避免的情况下，需进行特殊处理。妥当的做法是通过角色转换来解决问题。一旦进入督导流程，则只有社会心理督导师和督导对象，督导结束后又回归到各自特定的身份。

（三）公平公正原则

社会心理督导师对待自身与督导对象都应采取客观公正态度，不因自己的立场或利益影响督导工作。遇到价值观判断时，需防止个人偏见，做到价值中立。

（四）能力胜任原则

社会心理督导师应保持专业水准开展督导工作，认清社会心理督导专业的伦理及法律的责任，维护专业信誉，对自己的行为承担责任，防止自己的能力、技术的限制等导致的不适当行为。

（五）保护隐私原则

社会心理督导师应遵循国家和政府法律法规，尊重个人的隐私权、保密性和自我决定的权利，保障督导对象及其服务对象的权利免受伤害，涉及法律规定、生命安全等情况可以突破保密原则。

（1）社会心理督导师应尊重个人隐私权，无论是个体督导还是团体督导，都有责任为督导对象及其服务对象保守秘密。在授课举例、汇报工作及与他人聊天时都有责任采取适当措施为督导对象及其服务对象保守秘密；

（2）社会心理督导师有责任向督导对象说明保密原则以及这一原则在应用时的限制；

（3）社会心理督导师应清楚了解保密原则的应用有其限制，在下列情况下例外：

①社会心理督导师发现督导对象的服务对象有伤害自身或伤害他人的严重危险时。

②督导对象的服务对象有致命的传染性疾病，且可能危及他人时。

③不具备完全民事行为能力人（包含限制行为能力人和无民事行为能力人）受到性侵犯或虐待时。

④法律规定要披露时。

（4）在遇到特殊情况时，社会心理督导师有遵循法律规定的义务。但需要法庭及相关人员出示合法的书面要求，并要求法庭及相关人员确保此披露不会对专业关系带来直接损害或潜在危害；

（5）社会心理督导师只有在得到督导对象书面同意的情况下，才能对服务过程进行录音、录像或演示，有关信息均属于专业信息，应在严格保密的情况下进行保存，经过授权才可以接触这类资料。

（六）知情同意原则

督导师应向督导对象说明其"守门人"职责。签署完善及规范的督导协议，明确督导目的、督导师的专业背景、督导师和督导对象的期望和责任，督导过程和督导结构，督导关系的界限评估方法和发展计划、伦理守则和相关的法律条款等内容。

（1）明确督导的目的；

（2）促进督导对象成为胜任的专业人员，保护服务对象的福祉；

（3）督导对象有权了解督导师的资格、风格及理论取向；

（4）督导的过程和程序，包括每个人的角色、期望与责任；

（5）对督导对象伦理和法律问题的指导；

（6）对督导对象的表现进行评估以及后果；

（7）告知督导对象存在的问题及为了提高专业水平所需的努力。

（七）自警避止原则

当意识到个人的心理或生理问题，可能会对督导对象造成伤害时应自行避止，防止对督导对象造成伤害，应及时中断或终止督导行为。当社会心理督导师认为自己不适合对督导对象进行督导工作时，应对督导对象说明情况，应本着对督导对象负责的态度将其介绍给另一名合适的专业人员。

（1）督导训练不足，督导经验欠缺有可能影响督导功能；

（2）由于生理损伤、药物等原因导致不能达到之前的胜任水平。

三、伦理把控

（1）明确社会心理督导师与督导对象双方的角色与职责；

（2）明确督导如何进行；

（3）阐明督导师的督导理论及其可能对督导对象社会心理指导工作表现产生的影响；

（4）清晰解释评估督导对象工作表现的方法和标准；

（5）客观、公正地给予和接受正、负面反馈的程序。

（一）善行：助人为乐，没有恶意

关心督导对象和服务对象的福祉，使其获益最大化并使风险最小化。

（二）责任：恪守职责，尽心尽力

信守诺言，对教育、咨询和评估等督导工作承担责任。设立清晰适当和具有文化敏感性的工作界限。

（三）诚信：不谋私利，量力而行

在利益与代价面前，在权衡风险时保持公平及适切。在督导过程中，以督导对象利益最佳为主要的原则。不能利用督导的权威关系，剥削压迫督导对象乃至对督导对象造成伤害。就自己的知识和能力所及开展督导工作。

（四）公正：光明坦荡，磊落

在督导过程中能够公正地对待督导对象，能够做到公正合理地分配资源。严格规范自己的行为，正直做事、公允督导，从而保持督导行为的合理性和正当性。

（五）尊重：尊严，平等理解

尊重督导对象的个人尊严，承认督导对象可以基于个人的价值信念，持有自己的看法去作出选择。尊重对方的文化及个体差异。

价值和文化因素会使得督导师在对督导问题的概念化、有关特定督导目标的理论假设、对督导过程的认识等方面和督导对象产生差异。督导师要关注文化与价值观的不同维度，提高自己的文化胜任力，以更好地理解与督导对象的互动过程及关系动力学。

（六）专业：提供符合专业水准的服务

提供督导和咨询的社会心理督导师应具备担当这一工作所必需的理论、技术和能力，在自己的专业能力范围内为督导对象提供专业化的社会心理督导服务。例如扮演教师角色带领督导对象聚焦于干预指导技能，扮演训练师角色带领督导对象聚焦于个性化技能，扮演顾问角色带领督导对象聚焦于概念化技能。

四、伦理陷阱

（一）督导关系中的双重（多重）关系

（1）社会心理督导师与督导对象存在权力差异，要避免多重关系使权力较弱的一方有被剥削或受伤害的风险。督导师不卷入与督导对象不适当的多重关系，督导对象也不与服务对象卷入不适当的多重关系。不做逾越边界、侵犯边界的行为。

（2）督导师要保持敏感，避免不必要的双重（多重）关系。当不可避免时要注意以下4点：

①知情同意，明确界定双方的关系。

②向督导对象说明督导工作的角色，督导师要客观进行评价。

③明确专业设置，只在督导时间进行专业督导。

④如果紧急情况，另外专门讨论。

（3）禁止社会心理督导师与督导对象之间的性接触，避免亲密关系。这需要及时做好以下4点：

①预防性教育，导入性培训。

②对偶然性吸引的可能性诚实进行讨论。

③尽早提及，更容易进行开放性讨论。

④督导师承担提出讨论主题的责任。

（二）面对督导对象的个人问题

（1）督导对象与社会心理指导工作相关的个人问题是督导工作的一部分，督导对象与专业功能无关的个人问题，无须讨论。

（2）提出可能阻碍督导对象表现的个人问题，而不是解决这些问题。给予基本共情和理解，避免深入探索，和心理咨询师角色混淆。

（三）督导中知情同意

（1）尊重督导对象的知情权；

（2）有责任保证督导对象理解并自由同意督导的条件；

（3）说明评估的职责。

（四）督导中的保密与保密例外

（1）社会心理督导师为督导对象及其服务对象保密。

（2）要做好团体督导及网络团体督导中的保密设置。

（3）督导中的保密例外：要了解保密原则应用有其限度，存在保密原则的例外。

（4）督导中保密突破的指导涵盖以下5点：

①督导对象的伦理敏感性。

②督导对象的评估能力和伦理决策能力。

③实施保密突破的工作。

④紧急督导的情况。

⑤有限披露原则。

五、法律责任

社会心理督导师必须遵守社会心理指导师培训体系中规定的各项法律及职业守则。

（一）渎职

督导师与督导对象必须首先接受职业伦理规范。如果被侵犯的一方提出渎职的控诉，那么伦理道德的违规问题就变成了一个法律问题。

违反伦理道德的投诉和渎职诉讼两者之间的区别不是由督导双方所做行为的严重性决定的，而是取决于受害者是向管理机构投诉还是向民事法庭起诉。

无论是督导对象还是督导师，都应当知晓并且遵从法律、从业标准和伦理道德标准，这涉及自我的管理问题。对督导师来说，必须告诉督导对象在什么情况下，为了保护可能受到有意犯罪伤害的受害者，实行警告的责任是正确的，要尽可能准确判断并采取合理的或者是正当的保护措施。

（二）直接责任与连带责任

如果督导师对一个没有经验的社会心理指导师进行了充分的督导并有记录，导致了被督导者伤害服务对象结果干预（如建议对孩子运用"严厉的爱"的策略，导致孩子受到伤害），这可被判定为督导师的直接责任。

督导师对督导对象要避免产生延伸性责任或者连带责任，也就是督导师不能够对那些没有直接建议，甚至不知道的督导对象活动负法律责任。在这样的案例中，督导师由于与督导对象之间的关系，要厘清法律责任。因此，督导师一般要负的法律责任只包括"督导对象在学习课程期间或是督导关系范围内"发生的行为。

连带责任成立必须满足三个条件：第一，督导对象必须是自愿在督导师的指导和控制之下工作，并且他的行为是对督导师有益的；第二，督导对象必须是在督导师所允许的范围内工作；第三，督导师必须有权指导和控制督导对象的工作。

（三）如何预防渎职投诉

首先，与督导对象保持一种相互信任的关系，这样督导对象更加愿意表达他们对服务对象、他们自己和相互关系所关注的问题。其次，要随时了解影响心理机构和整个职业领域的法律问题。另外，督导师对法律的复杂性需要保持清醒心态，认识到自己需要法律援助。如果督导师是一个机构的负责人，那么就很有必要聘请法律顾问。

除了上述警告，督导师要与现有的职业从业标准保持同步，并且在必要的时候寻求可信任的同事帮助，并做好记录保存工作。最有效的方法就是将职业智慧和人际智慧完美地结合并用于工作。除了一些必备的知识、技能和良好的工作习惯，健康、受人尊敬的关系以及敏锐的不受任何阻碍的自我认识，都能够帮助督导师有效地保护自己。总之，洞察力、诚实正直以及良好的意愿都是克服职业困难的强大武器。

（四）严格养成

督导师都要将伦理道德放在第一位，不管是在训练中还是在平时的工作中。关于伦理问题的思考应该是一种主动行为，而不是反应性的被动行为。针对督导中出现问题的可能性，必须进行伦理道德训练。每一名督导师都应当具有这项关键性自觉，伦理道德的实践是职业本身的存在方式，而不是必须掌握的一部分知识。如果没有意识到这一点，那么督导师的态度就很有问题。

将体验式学习和个案分析引入训练项目中能够促进伦理道德的发展。很多的伦理道德灾难都是因为行为疏忽而不是蓄意的犯罪。如果专业人员没有对一个相似的情形做反复的详细体验，那么这些伦理道德灾难发生的可能性就非常大。运用情景模拟和行为练习，可以使督导对象和督导师以一种安全方式面对困难情境、尝试不同的解决方法，以及进行结果的评估。

附录：
督导工具箱

新修订实施的《中华人民共和国标准化法》第二十七条第一款规定：国家实行团体标准、企业标准自我声明公开和监督制度。因此，一个职业的公开声明代表了该职业向社会公开发布的工作、服务的功能指标。

附录一：团体（网络）督导承诺书

本人了解本次督导使用（网络）团体心理督导的理论技术，协助成员提升专业工作能力和自我觉察而获得成长。

本人确认不存在精神障碍，无心脏病等容易因情绪导致生命危急的病史；本人自愿参加，并可以提供紧急联系人及联系电话，以备需要时可以联络支持。

为了更好地保护所有参加成员，共同营造信任安全的团体氛围，本人郑重承诺：

1. 遵守保密规则。在团体工作中，不拍照、不截屏、不录音、不录像，不在团体外谈论或是发表任何团体中发生的关于他人的任何事情。若有违反以上保密协议的，愿意承担相应的法律责任；团体成员、团体领导者、提供（网络）平台者有资格提出申诉。

2. 确保稳定流畅。团体（网络）督导期间，确保独处私密、安静场所，不被电话、微信和他人活动等打扰。

3. 准时全程参加。不迟到、不早退、不缺席；如有不可抗拒的重要情况，提前请假。确保全身心投入团体，全程（通过屏幕）联结到督导师。不发言时请保持安静，手机静音。

4. 爱护尊重团体。在团体中为自己的成长负责，主动积极内省、自我觉察，进行向内的思考、感悟以获得自我的提升。在团体中接受自我的局限性，也接受他人的局限性，允许自己将真实的一面表现出来，同样也允许他人这样做。

5. 保持良好关系。尊重团体中每一位参与者，不随意发表批判、指责或其他消极性的言论，做到团体成员之间相互鼓励、相互成长，积极发现自身以及他人优势、成长点和积极面，始终保持积极向上的心态。

6. 保密例外原则。在督导过程中一旦发现有危害自身或他人的情况，必须采取必要的措施，防止意外事件发生。具体措施包括通知有关责任方或家属，但要将有关保密信息的暴露程度限制在最低范围之内。

对以上承诺，确保做到。

承诺人签字：

_____年___月___日

附录二：团体督导效果量表

（一）指导语

请为下列描述你在团体督导中的体验的条目打分。1 分代表非常不同意，5 分代表非常同意。

（二）问题

1. 督导师提供了关于我的技能和干预的有用反馈。
2. 督导师提供了关于服务对象服务的有用建议和信息。
3. 督导师推动我建设性地探索与服务对象进行工作的思想和技术。

4. 督导师提供了关于案例概念化的有用信息。

5. 督导师帮助我理解和阐明服务对象的中心问题。

6. 督导师帮助我理解服务对象的思想、感情和行动。

7. 督导师恰当地鼓励我的内省探索。

8. 督导师使我能表达自己的观点、问题和关注点。

9. 督导师为团体督导建立了一个安全的环境。

10. 督导师密切关注团体的动力过程。

11. 督导师有效地为团体设定限制并制定规范和界限。

12. 督导师给团体提供有益的领导作用。

13. 督导师鼓励督导对象互相提供反馈。

14. 督导师在合适的时候改变讨论的方向。

15. 督导师在全部团体成员之间很好地安排了时间。

16. 督导师在团体督导中提供了足够的结构。

（三）计分方式

本量表分为三个维度，每个维度分数越高，表示督导对象与督导者之间的关系越好，团体督导的效果越佳。

三个维度的计分方式分别如下：

团体安全感：条目 7、8、9、10、13，得分总和除以 5。

技能发展和个案概念化：条目 1、2、3、4、5、6，得分总和除以 6。

团体管理：条目 11、12、14、15、16，得分总和除以 5。

附录三：督导关系评价量表

（一）指导语

请为下列描述你在团体督导中的体验的条目打分，采用 5 分制。

1= 非常不符合，2= 比较不符合，3= 不确定，4= 比较符合，5= 非常符合。

（二）问题

1. 我和我的督导师为训练所制定的目标很重要。

2. 我和督导师制定的目标对我来说很容易理解。

3. 我和督导师制定的目标是具体的。

4. 我和督导师制定的目标是现实的。

5. 我认为督导师会在工作过程中反对我改变学习目标。

6. 我和督导师制定的目标对我来说太容易。

7. 我和督导师制定的目标是可测量的。

8. 我不太肯定什么是这个训练过程中最重要的目标。

9. 我的训练目标在我们关系建立的早期就确立了。

10. 我和督导师从未讨论过我的训练目标。

11. 督导师说到督导内容，但是没有询问我希望学习什么。

12. 实现督导目标中所依据的资源是不切实际的。

13. 督导目标依据实践场所提供的条件是合乎实际的。

14. 我的督导师欢迎我对他（她）的风格进行评论。

15. 我从督导师那里得到的评价是公平的。

16. 我的督导师对我的工作评价是可以理解的。

17. 直到学期末我才得到关于如何做一名指导师方面的信息。

18. 在学期末我得到了对我的工作的一个总结性的、正式的评价。

19. 我的督导师在他（她）提供的正面和负面反馈之间作出平衡。

20. 我从督导师那儿得到的反馈基于他（她）对我的工作的直接观察。

21. 我得到的反馈和我们制定的目标是直接相关的。

（三）计分方式

该量表以目标设定、反馈两个维度，对督导与被督导两者关系中的信任、权力、亲密、共享在 4 个层次进行评分。

量表包括 7 个反向计分条目，分别是：5、6、8、10、11、12、17 等条目。计分时，先将这些条目进行反向计分，然后再按照两个维度对应的条目分别计算总分。

以下是两个维度的计分方式：

目标设定：条目 1~13 的得分总和。

反馈：条目 14~21 的得分总和。

附录四：督导工作联盟问卷

（一）工具说明

本套督导工作联盟问卷由杨姐和田瑞琪编制，包括督导师问卷和督导对象问卷。督导师问卷和督导对象问卷各包括 11 个项目，由目标任务一致（4项）、情感联结（3项）、投入（4项）三个维度构成。

采用七点评分，1= 非常不符合，2= 比较不符合，3= 有点不符合，4= 不确定，5= 有点符合，6= 比较符合，7= 非常符合。

（二）督导师问卷

项目	1	2	3	4	5	6	7
1. 我和督导对象对督导目标达成一致							
2. 我和督导对象相互包容接纳							
3. 我积极和督导对象讨论彼此对督导关系的想法							
4. 我和督导对象对如何实现督导目标达成一致							
5. 我和督导对象相互喜欢							
6. 我鼓励督导对象表达负性情绪							
7. 我和督导对象都恪守专业伦理							
8. 我积极和督导对象交流彼此对督导关系的感受							
9. 我和督导对象都遵守督导设置							
10. 我和督导对象相互提供反馈							
11. 我在和督导对象的共事中获得乐趣							

（三）督导对象问卷

项目	1	2	3	4	5	6	7
1. 我和督导师对督导目标达成一致							
2. 我在督导中感到安全							
3. 我的督导师总是设法提供多种建议供我选择							
4. 我和督导师对督导协议达成一致							
5. 我对接受督导保持热情和兴趣							
6. 我的督导师鼓励我表达负性情绪							
7. 我和督导师都清楚我在督导中的责任							
8. 我积极和督导师交流彼此对督导关系的感受							
9. 我和督导师都遵守督导设置							
10. 我和督导师相互提供反馈							
11. 我在和督导师的共事中获得乐趣							

（四）计分方式

问卷包括三个维度，每个维度的计分方式分别如下：

目标任务一致：项目 1、4、7、9 的总和，再除以 4。

情感联结：项目 2、5、11 的总和，再除以 3。

投入：项目 3、6、8、10 的总和，再除以 4。

附录五：督导风格调查表

（一）工具说明

督导风格模型着眼于督导的焦点（干预、概念化、个性化）及督导师角色（教师、训练师、顾问）量表共 33 个条目。

采用七点评分，1= 非常不符合，2= 比较不符合，3= 有点不符合，4= 不确定，5= 有点符合，6= 比较符合，7= 非常符合。

（二）督导风格问卷

符合程度序号描述	1	2	3	4	5	6	7
	非常不符合						非常符合
1 目标导向	1	2	3	4	5	6	7
2 有洞察力的	1	2	3	4	5	6	7
3 具体的	1	2	3	4	5	6	7
4 明确的	1	2	3	4	5	6	7
5 坚定的	1	2	3	4	5	6	7
6 肯定的	1	2	3	4	5	6	7
7 实践的	1	2	3	4	5	6	7
8 敏感的	1	2	3	4	5	6	7
9 合作性的	1	2	3	4	5	6	7
10 直觉的	1	2	3	4	5	6	7
11 反思性的	1	2	3	4	5	6	7
12 反应积极的	1	2	3	4	5	6	7
13 结构性的	1	2	3	4	5	6	7
14 评价性的	1	2	3	4	5	6	7
15 友好的	1	2	3	4	5	6	7
16 灵活的	1	2	3	4	5	6	7
17 规范的	1	2	3	4	5	6	7
18 教导的	1	2	3	4	5	6	7
19 彻底详尽的	1	2	3	4	5	6	7
20 重点聚焦的	1	2	3	4	5	6	7
21 创造性的	1	2	3	4	5	6	7
22 支持的	1	2	3	4	5	6	7
23 开放的	1	2	3	4	5	6	7
24 现实的	1	2	3	4	5	6	7
25 资源丰富的	1	2	3	4	5	6	7
26 投入的	1	2	3	4	5	6	7
27 推动性的	1	2	3	4	5	6	7

续表

符合程度序号描述		1	2	3	4	5	6	7
		非常不符合						非常符合
28	治疗性的	1	2	3	4	5	6	7
29	积极的	1	2	3	4	5	6	7
30	信任的	1	2	3	4	5	6	7
31	提供信息的	1	2	3	4	5	6	7
32	幽默的	1	2	3	4	5	6	7
33	温暖的	1	2	3	4	5	6	7

（三）计分方式

量表共 33 个条目，其中含 8 个为了降低量表表面效度的填充条目，不作计分。其他条目共分为三个维度：任务导向（对应教师角色）、吸引力（对应顾问角色）、人际敏感（对应训练师角色）。计分方式分别如下：

任务导向：1，3，4，7，13，14，17，18，19，20 项的总和除以 10。

吸引力：15，16，22，23，29，30，33 项的总和除以 7。

人际敏感：2，5，10，11，21，25，26，28 项的总和除以 8。

填充条目（不计分）：6，8，9，12，24，27，31，32 项。

附录六：督导师自我效能表

（一）指导语

以下列出的每个条目都与督导中所实施的某项任务相关。请标出你当前对完成每项任务的自信水平。在能够反映你的自信水平的数字上画圈。请回答每个问题，不管你是否确实实施了相应的活动。

采用 10 分评价法：1 分表示完全没有自信，10 分表示完全有自信。

（二）问题

1. 选择与所使用的模型理论相一致的督导干预

2. 向督导对象讲解关于服务对象福祉的伦理标准

3. 展示关于评估和报告一个事件的程序

4. 描述不同督导模式（例如自我报告、现场观察）的优势和局限性

5. 辅助督导对象处理服务结束的问题

6. 帮助督导对象在个案概念化中包含相关的文化变量

7. 示范如何在面对伦理和法律困境时进行有效决策

8. 展示社会心理服务理论系统的知识以及工作方法

9. 围绕着督导对象的学习目标来构建督导过程

10. 帮助督导对象发展关于他／她的服务对象的工作假设

11. 从我的同伴或评价者那里征求关于我作为一名督导师的工作的重要反馈

12. 理解关于社会心理指导师发展的重要理论以及与督导相关的发展模型

13. 帮助督导对象发展一种策略以处理服务对象的阻抗

14. 鼓励督导对象表达他／她对于督导的消极感受，避免转化成防御反应

15. 认真听取督导对象提出的意见

16. 确认与服务对象保密性相关的伦理和法律方面的关键问题

17. 将督导对象的民族或种族认同作为一个咨询过程变量予以讨论

18. 正确理解督导师的教师、训练师、顾问的角色功能

19. 恰当地应用符合督导对象学习需要的干预方法

20. 描述未成年人工作中的相关法律责任

21. 建立一个计划以保证督导对象在督导中的正当程序

22. 帮助督导对象评估他／她在会谈中的行为与所采纳的理论取向之间的相容性

23. 示范能提高督导对象个案概念化技能的策略

24. 严格遵照监管本专业的伦理标准来实施督导

25. 促进督导对象的文化觉察

26. 在与督导对象的交往中表现出胜任力

27. 从督导对象那里接受关于我作为一名督导师的表现的重要反馈，避免转化成防御或愤怒反应

28. 说明基于动力情境选择一个督导干预的原理

29. 确认在督导中可能出现的多重关系问题

30. 表现出对不同于自己的世界观的督导对象的尊重

31. 评估督导对象的多元文化胜任力

32. 当督导关系中出现平行过程时，对此进行讨论

33. 如果督导对象对我提供的督导不满意，向他／她说明相关的正当程序

34. 对督导中的不同学习风格和个人特点予以尊重

35. 在团体督导中推动案例讨论

36. 在团体督导中平衡每个督导对象的个人需要和团体需要

37. 示范如何对团体督导中出现的情感做出适当的反应

38. 在团体督导中对所有团体成员提供足够的支持

39. 把对督导对象学习风格的理解整合到团体督导的过程中

（三）计分方式

基于以下条目归属对维度分数计算平均分：

1. 理论和技术：1，4，8，9，10，12，13，18，19，21，22，23，28，32

2. 团体督导：35，36，37，38，39

3. 督导理论：2，5，7，15，24，26，29，33

4. 督导中的自我：11，14，27，30，34

5. 多元文化胜任力：6，17，25，31

6. 法律问题的知识：3，16，20

附录七：督导合约

督导合约

（参考模本）

本合同由以下双方于＿＿＿＿年＿＿＿月＿＿＿日签订：

甲方（督导师）：＿＿＿＿＿＿＿＿＿＿

身份证号码 / 执业证书编号：＿＿＿＿＿＿＿＿＿＿＿＿＿＿

联系电话：＿＿＿＿＿＿＿＿＿＿＿＿

电子邮箱：＿＿＿＿＿＿＿＿＿＿＿＿

乙方（被督导者）：＿＿＿＿＿＿＿＿＿＿

身份证号码 / 执业证书编号：＿＿＿＿＿＿＿＿＿＿＿＿＿＿

联系电话：＿＿＿＿＿＿＿＿＿＿＿＿

电子邮箱：＿＿＿＿＿＿＿＿＿＿＿＿

鉴于甲方具有丰富的心理咨询督导经验，且具备合法的执业资格；乙方希望接受甲方的专业督导，以提升自身的心理咨询能力和职业素养。经双方友好协商，特订立本合同，以资共同遵守。

一、定义与解释

1. 督导师：指具备合法执业资格，能够为被督导者提供专业指导和支持的心理健康专业人士。

2. 被督导者：指具备合法执业资格，从事心理咨询工作的专业人士。

3. 督导：指督导师对被督导者的工作进行监督、指导和评估的过程。

4. 保密信息：指在督导过程中涉及的所有个人信息、咨询记录、案例讨论等敏感信息。

二、双方权利与义务

1. 甲方（督导师）的权利与义务

① 权利

有权对乙方的工作进行监督、指导和评估，确保其服务质量达到专业标准。

有权要求乙方提供必要的工作记录和案例报告，以便更好地了解乙方的工作情况。

有权在必要时对乙方的工作提出改进建议，帮助其不断提升专业能力。

② 义务

应当具备合法的执业资格，并保持其有效性，确保督导工作的合法性和专业性。

应当定期对乙方进行督导，确保其服务质量，提供专业的指导和支持。

应当对乙方提供的所有信息严格保密，不得泄露给第三方，保护乙方的隐私和权益。

应当尊重乙方的职业尊严和个人隐私，维护良好的督导关系。

应当及时回应乙方的咨询和求助，提供专业的支持和指导，确保乙方在遇到困难时能够得到及时的帮助。

2. 乙方（被督导者）的权利与义务

① 权利

有权获得甲方的专业指导和支持，提升自身的心理咨询能力和职业素养。

有权对甲方的督导提出意见和建议，促进督导工作的改进和完善。

有权要求甲方对其提供的信息保密，确保自己的隐私和权益不受侵犯。

② 义务

应当具备合法的执业资格，并保持其有效性，确保自己能够合法地从事心理咨询工作。

应当按时参加督导会议，积极配合甲方的督导工作，确保督导效果。

应当如实提供工作记录和案例报告，以便甲方进行评估和指导，提高自身的工作质量。

应当对甲方提供的所有信息严格保密，不得泄露给第三方，保护甲方的隐私和权益。

应当尊重甲方的职业尊严和个人隐私，维护良好的督导关系。

三、督导方式与频率

1. 督导方式

① 面对面督导：每周一次，每次不少于60分钟。面对面督导有助于深入交流和讨论，提高督导效果。

② 线上督导：每月两次，每次不少于30分钟。线上督导方便灵活，适合无法进行面对面督导的情况。

③ 电话督导：每月一次，每次不少于30分钟。电话督导适用于紧急情况或特殊情况下的即时沟通。

2. 督导频率

① 面对面督导：每周一次，具体时间为每周_____。双方应提前确定具体时间，并尽量保持固定，以确保督导的连续性和稳定性。

② 线上督导：每月两次，具体时间为每月_____和_____。双方应提前确定具体时间，并确保网络环境良好，以保证督导的质量。

③ 电话督导：每月一次，具体时间为每月_____。双方应提前确定具体时间，并确保通话环境安静，以保证督导的效果。

四、保密条款

1. 保密义务

双方应对在督导过程中涉及的所有信息严格保密，未经对方书面同意，不得向任何第三方披露。保密信息包括但不限于个人隐私、咨询记录、案例讨论等敏感信息。

保密义务在本合同终止或解除后仍然有效，双方应继续履行保密义务，直至相关信息不再具有保密价值。

2. 法律责任

如一方违反保密义务，导致对方遭受损失的，违约方应承担相应的赔偿责任。赔偿范围包括但不限于直接损失、间接损失、律师费、诉讼费等。

违约方应立即采取措施，防止损失进一步扩大，并积极协助受损方进行损失的追偿。

五、费用与支付方式

1. 费用明细

①面对面督导：每小时＿＿＿＿＿元。面对面督导费用较高，但效果最佳，适合需要深入交流和讨论的情况。

②线上督导：每小时＿＿＿＿＿元。线上督导费用适中，适合无法进行面对面督导的情况。

③电话督导：每小时＿＿＿＿＿元。电话督导费用较低，适合紧急情况或特殊情况下的即时沟通。

2. 支付方式

乙方应在每次督导前支付相应的费用，以确保督导工作的顺利进行。

支付方式包括但不限于银行转账、支付宝支付、微信支付等。具体支付方式由双方协商确定。

甲方的账户信息如下：＿＿＿＿＿＿＿＿＿＿＿＿＿＿＿＿＿＿＿＿＿

六、终止与解除

1. 终止条件

双方协商一致，可以提前终止本合同。双方应提前 30 天书面通知对方，协商具体的终止事宜。

甲方因故无法继续提供督导服务的，应及时通知乙方，并退还剩余未使用的费用。甲方应提供合理的替代方案，确保乙方的督导需求得到满足。

乙方因故无法继续接受督导服务的，应及时通知甲方，并按实际使用情况支付费用。乙方应提前 30 天书面通知甲方，以便甲方合理安排督导计划。

2. 解除条件

一方严重违反本合同条款，经另一方书面催告后仍不改正的，另一方有权单方面解除本合同。解除合同的一方应提前 30 天书面通知对方，说明解除理由。

甲方未能按时提供督导服务，且在乙方书面催告后仍不改正的，乙方有权解除本合同，并要求甲方退还已支付的费用。

乙方未能按时支付费用，且在甲方书面催告后仍不改正的，甲方有权解除本合同，并要求乙方支付违约金。

3.终止或解除后的处理

双方应立即停止一切与本合同有关的活动，确保终止或解除过程平稳有序。

甲方应退还乙方已支付但未使用的费用，确保乙方的合法权益不受损害。

乙方应归还甲方提供的所有资料和文件，确保甲方的合法权益不受损害。

七、违约责任

1.违约行为

未按约定时间参加督导会议，影响督导效果。

未按约定支付费用，影响督导工作的正常进行。

违反保密义务，泄露对方的保密信息，损害对方的合法权益。

其他违反本合同条款的行为，影响督导工作的顺利进行。

2.违约责任

违约方应向守约方支付违约金，违约金金额为_____元。违约金旨在补偿守约方因违约行为遭受的损失。

违约方应赔偿守约方因违约行为遭受的全部损失，包括但不限于直接损失、间接损失、律师费、诉讼费等。赔偿范围应涵盖守约方因违约行为遭受的实际损失。

3.争议解决

争议解决方式

双方应首先通过友好协商解决争议，争取达成共识，避免不必要的法律纠纷。

协商不成的，可以提交至当地人民调解委员会进行调解，寻求第三方的公正裁决。

调解不成的，可以提交至_____仲裁委员会进行仲裁，仲裁结果具有法律效力。

仲裁不成的，可以向_____人民法院提起诉讼，通过法律途径解决争议。

适用法律和管辖法院

本合同适用中华人民共和国法律，遵循相关法律法规的规定。

本合同项下的争议由_____人民法院管辖，双方应遵守法院的判决结果。

附则

合同生效日期

本合同自双方签字盖章之日起生效，有效期为＿＿＿＿＿年。合同期满后，双方可协商续签。

一、合同的修改和补充

本合同的任何修改和补充均须经双方协商一致，并以书面形式确认。修改和补充的内容与本合同具有同等法律效力。

双方应保持良好的沟通，及时解决合同执行过程中出现的问题，确保合同的有效执行。

二、其他需要说明的事项

本合同一式两份，甲乙双方各执一份，具有同等法律效力。

本合同未尽事宜，双方可另行协商解决，确保合同的完整性和可操作性。

签字盖章

甲方（督导师）：＿＿＿＿＿＿＿＿　　　　乙方（被督导者）：＿＿＿＿＿＿＿

签字：＿＿＿＿＿＿＿＿＿＿＿＿＿　　　　签字：＿＿＿＿＿＿＿＿＿＿＿＿＿

日期：＿＿＿年＿＿＿月＿＿＿日　　　　日期：＿＿＿年＿＿＿月＿＿＿日

地点：＿＿＿＿＿＿＿＿＿＿＿＿＿　　　　地点：＿＿＿＿＿＿＿＿＿＿＿＿＿

参考资料

［1］《决胜全面建成小康社会 夺取新时代中国特色社会主义伟大胜利》是习近平代表第十八届中央委员会于 2017 年 10 月 18 日在中国共产党第十九次全国代表大会上向大会作的报告。

［2］2016 年 12 月 30 日，国家卫生计生委、中宣部等 22 部门以国卫疾控发〔2016〕77 号联合印发《关于加强心理健康服务的指导意见》。

［3］2020 年 1 月 8 日，北京市社会建设工作领导小组关于印发《北京市加强社会心理服务体系建设的意见》的通知（京社领发〔2019〕4 号）。

［4］2020 年 11 月 5 日，《中国社会报》发表《让市民感受到心理服务就在身边——进行中的社会心理服务体系建设"北京模式"》。

［5］《中共北京市委社会工作委员会北京市民政局社会心理服务体系建设三年行动计划（2020—2022）》（京社委心服发〔2020〕14 号）。

［6］2012 年 10 月 26 日，《中华人民共和国精神卫生法》经中华人民共和国第十一届全国人民代表大会常务委员会第二十九次会议通过，2013 年 5 月 1 日起施行。最新版本由第十三届全国人民代表大会常务委员会第二次会议修正，自 2018 年 4 月 27 日起实施。

［7］贾宁·M.伯纳德，罗德尼·K.古德伊尔. 临床心理督导纲要［M］. 刘稚颖，译. 中国轻工业出版社，2021.

后　记

　　经过 15 年的积累与提炼，我终于完成了《社会心理督导师》专著的写作。刘月娟、王秀芹、孙育、沈意、马文生等 200 多名专业社会心理工作者试用了这本教材；刘庆华、都志宏、白乐彤、石彩风、李鑫忆等多名专家参加了审稿。由于人数众多，不再一一列名，在此表示真挚的感谢。

　　社会心理最鲜明的特征是实践性和时代性。我要衷心感谢在中共北京市委社会工作委员会、市民政局 15 年工作期间，负责全市社会心理服务工作的实践经验。其中，我在社区与大爷大妈讲老年心理抑郁的"太阳疗法"；为社工朋友切断"职业身份委屈"、保持"情绪自如技术"；给高考和中考孩子做"考前提分默想"等。来源于居民的生活需求是我开展社区心理服务的直接动力，使我不仅积累了大量的实操经验，也对心理学"有用性与有效性"做了深入探索。可以说，没有这 15 年的摸爬滚打，就不会有今天的专著成果。

　　人才是社会心理服务体系的核心，培养心理专业人才是政府建立基层心理服务的成功之基。社会心理服务体系"北京模式"最根本经验就是办社会心理督导师与指导师人才培训班。自 2011 年起，我用 3 年时间办社工培训班，为全市 16 个区培养了 1600 多名扎根基层的心理专业社工。2014 年以来，我参与举办了 20 多期社会心理指导师培训班，建立了包括纲要、教材、课程、考试、证书、实习、督导、岗位等"八要素"的全方位人才培训与考评系统，有 1 万多名各级各类人员成为社会心理指导师持证上岗人员。2018—2021 年，我举办了 2 期社会心理督导师培训班。在全国多位心理专家辅导下，200 多名学员一起成长，一起探讨问题、交流心得，在相互启发中共同进步。正是这些互动和碰撞，激发了我更多的思考，也为我提供了丰富的研究素材。这本教材写成后的第一读者就是社会心理督导师第二期的同学，他们一边读一边研讨，杨雅清、刘丽慧、曹慧、师至洁、张佑、魏彩红、李赟等 60 人提出了许多真知灼见。同时，他们使用本教材中的规范与程序，到全市 100 多个心理服务中心进行督导与考评，获得当地领导与机构专业人员的高度评价。

《社会心理督导师》不仅仅是一部书，它是我 44 年专业工作经验的结晶，也是我思想与理论走向成熟的体现。我要感谢郑日昌、林永和、董燕、杨智辉、丁岩等专家朋友们的支持与帮助，也要感谢家人亲友们的关怀与鼓励，让我得以克服种种困难，最终完成这项任务。

为了更好地推广社会心理督导师，我计划下一步结合本书的内容，开展一系列的专业培训和公众讲座，让更多的人了解社会心理督导师的重要性，携手参与行业建设，使中国特色的社会心理服务体系显现出督导师坚定的身影！

张青之

2024 年 8 月 30 日